# 高校后勤管理模式

李 佳 著

中华工商联合出版社

**图书在版编目(CIP)数据**

高校后勤管理模式/李佳著.--北京:中华工商
联合出版社,2023.10

ISBN 978-7-5158-3775-8

Ⅰ.①高… Ⅱ.①李… Ⅲ.①高等学校－后勤管理－
研究－中国 Ⅳ.①G647.4

中国国家版本馆 CIP 数据核字(2023)第 185645 号

高校后勤管理模式

| | |
|---|---|
| 作　　者 | 李　佳 |
| 出 品 人 | 刘　刚 |
| 责任编辑 | 李红霞　孟　丹 |
| 装帧设计 | 程国川 |
| 责任审读 | 付德华 |
| 责任印刷 | 陈德松 |
| 出版发行 | 中华工商联合出版社有限责任公司 |
| 印　　刷 | 北京毅峰迅捷印刷有限公司 |
| 版　　次 | 2023 年 10 月第 1 版 |
| 印　　次 | 2024 年 1 月第 1 次印刷 |
| 开　　本 | 787mm×1092mm　1/16 |
| 字　　数 | 124 千字 |
| 印　　张 | 9.25 |
| 书　　号 | ISBN 978-7-5158-3775-8 |
| 定　　价 | 68.00 元 |

服务热线:010-58301130-0(前台)
销售热线:010-58302977(网点部)
　　　　　010-58302166(门店部)
　　　　　010-58302837(馆配部、新媒体部)
　　　　　010-58302813(团购部)
地址邮寄:北京市西城区西环广场 A 座
　　　　　19-20 层,100044
http://wwwchgslcbscn
投稿热线:010-58302907(总编室)

# 前　言

　　高校后勤管理是贯彻党的教育方针,提高教育质量和完成科研任务的重要保障,是稳定教学秩序、促进高校安定团结、改善师生员工生活条件的必要因素。随着我国高等教育的快速发展,高校后勤管理面临着前所未有的发展机遇和挑战,为了适应我国高等教育的快速发展,我国各大高校都在积极开展后勤管理的社会化改革,努力提高其管理水平和综合服务能力。现实的情况显示,能否成功地加强高校后勤管理工作将直接影响高校育人、科研和服务社会的质量和效益。高校后勤管理模式将为高校师生的生活、教学、科研工作提供更有效的后勤保障服务。

　　随着信息技术的发展与广泛应用,包括高校后勤服务管理在内的传统服务模式将面临新的变革。因此,基于智慧校园的现代高校后勤服务管理必将在移动互联时代成为我国高校转型、升级的重要方向和契机。

　　本书汇集了高校后勤工作者在高校后勤管理模式方面取得的最新成果。既是后勤工作者的理论认识和思考,又是积极地实践探索和总结。该书的出版对于进一步倡导高校后勤工作者开展理论研究,推动高校后勤事业全面、协调、可持续发展将起到积极的影响。

　　在撰写本书的过程中,作者查阅和借鉴了大量的相关资料,在此向其作者表示诚挚的感谢。此外,本书的撰写也得到了相关专家和同行的支持与帮助,在此一并致谢。由于作者水平有限,加之时间仓促,书中难免出现纰漏,敬请广大读者批评指正。

# 目 录

# 第一章　高校后勤管理概论

## 第一节　高校后勤管理概述

### 一、高校后勤管理的管理原则

高校后勤保障与管理工作是高校常规管理工作的重要环节,关系社会、高校的稳定,关系青少年的健康成长,关系教育事业持续发展的大局。随着教育改革的不断深入和高校布局调整,高校后勤工作的任务越来越重,责任越来越大。

一流的高校要有一流的后勤,而一流的后勤需要配备一流的素质人员。人的素质与高校后勤管理有何关系,如何处理好这种关系,使后勤工作更好地为教育教学服务,为师生工作、学习、生活服务是高校后勤工作要解决的首要问题。后勤管理工作是高校工作的重要组成部分,探明它内在的客观规律,明确其基本要素,就可以提高工作效能,使后勤工作更好地为开创高校工作新局面做贡献。

众所周知,高校后勤工作具有综合性、广泛性、从属性、服务性和琐碎性等特点,头绪繁杂、任务艰巨。高校后勤工作将会随着教育事业的发展而日趋繁重,教学手段现代化的发展会对后勤工作的业务知识要求标准越来越高,一名合格的后勤管理人员必须全面了解高校管理、教学、社会动态、商品价格、基建维修等情况。具体地讲,要搞好高校后勤管理应该注重以下原则。

（一）服务教学的原则

高校后勤工作必须为教学服务、为师生服务。教学工作是高校的重点工作,而服务师生工作又是重中之重。高校后勤工作作为高校的后勤保障,它在提供教学设备、物资供应、改善教学条件等方面起着重要的作用。高校后勤工作的首要任务就是为教学服务,为师生服务。这就要求后勤工作人员必须树立为教学服务的思想,明确后勤工作的主要任务是为教学、为师生创造良好的工作环境和必要的物质条件,使后勤工作在期初、期中、期末各个阶段与教学工作和服务师生工作紧密配合,保证教学工作和服务工作的顺利进行。

(二)生活服务的原则

高校后勤工作必须为广大师生的生活服务。搞好全校师生的生活、福利是后勤工作者应尽的职责。后勤工作者应努力改善师生的生活和搞好集体福利,让全校师生有一个良好的工作和学习环境。解除教师的后顾之忧,保证师生的健康,使他们有足够的时间和充沛的精力投入教育教学工作中。

(三)教育性原则

高校后勤工作必须贯彻教育性原则。高校后勤工作是一项群众性工作,它与广大师生有广泛的接触。通过后勤工作对学生进行关心集体、爱护公物、勤俭节约、艰苦奋斗等思想品德教育,是它特有的教育任务。因此,高校后勤工作必须贯彻教育性原则。每做一件事情,都要考虑对学生是否产生积极影响,每个工作人员都要注意一言一行,成为学生的表率。还要通过贯彻有关后勤工作的各种规章制度,向学生进行思想品德教育。

## 二、高校后勤管理的基本任务

高校后勤保障与管理工作总体要求是:完善设施、改善环境、提供保证;创新机制、健全制度、精细管理;创建体系、突出公益、服务育人。围绕当前家长最关心、师生最直接、最现实的问题,包括吃、喝、环境、卫生、安全、健康等,抓好高校后勤保障工作。要坚持一手抓高校后勤设施条件的改善,一手抓精细化管理服务。要树立典型,示范带动,全面提升我校后勤管理、保障。服务能力和水平。其主要任务包括以下几点。

## (一)切实抓好高校食堂和食品卫生管理

高校食堂和食品卫生管理工作,直接关系师生的身心健康和高校、社会的稳定,是高校后勤保障与管理工作的重点。高校食堂管理要实行一把手负责制,切实建立以校长为第一责任人,为主抓,后勤主任具体抓高校食堂食品卫生管理体制。实行物品定点采购制度,严把质量关;实行物品采购索证登记制度,从原材料的质量检验到入库储存要按制度要求强化责任意识;实行食堂从业人员定期健康查体制度,持证上岗;坚持实行食品预尝和留样制度,保证学生食品制作的规范操作和卫生洁净地向学生出售,有效消除食堂及食品卫生安全隐患;建立食堂炊具、餐具及厨房、餐厅定期消毒制度和生活用水的卫生安全检测制度;强化暖气管道定期检查和定期维修保养制度;完善高校食品卫生安全工作预警、预案、隐患排查和事故责任追究制度等。高校校长要从保障学生身心健康和生命安全、保持高校正常教学秩序和维护社会和谐稳定的大局出发,加大对食堂和食品卫生安全各个环节的监管力度,确保食堂和食品的安全卫生。

## (二)切实抓好高校宿舍管理工作

学生宿舍是学生学习、生活、休息的场所,也是高校精神文明建设和素质教育建设的窗口。让学生宿舍的管理工作更趋向规范化、制度化,让学生健康快乐地成长,为学生创造安全而温馨的住宿环境。选举宿舍舍长,检查值日生卫生打扫,保证学生良好的休息环境,保持宿舍内外的卫生。教育学生遵守宿舍纪律。按时就寝,熄灯铃响后不讲谈说笑,不得做其他事情。教育学生增强防范意识。适时关锁门窗,妥善管理自己的钱物。确保学生的人身安全和财物安全。实行每日检查制,每天晚上及时检查住宿人数,若有未到者,必须知道其去向,若查不出其去向,要及时向高校领导反映。要求住校学生不得在外留宿,非本室住宿人员不得随意在宿舍住宿。学生亲友来校住宿的,必须向高校申请,同意并做好登记后方能住宿。搞好"三防"(防火、防盗、防破坏)工作,经常巡查宿舍区内外安全,遇偶发突发事件或重大安全事故隐患须妥善处置,并及时向校领导报告。出现突发事件、刑事或治安案件、灾害事故,及时处置、及时报警,注意保护现场,并报告职能部门,采取积极有效措施,确保师生和国家财产安全。

### (三)抓好校园风险分散工作

在最近几年,校园伤害事故呈现出多样性、复杂性,高校教育中面临的学生意外伤害风险对高校教育教学的影响日趋严重,高校安全管理工作的任务十分艰巨。保险是市场经济条件下进行风险管理和控制的基本手段,充分利用保险费率的杠杆作用,处理高校发生的安全责任事故,有利于防范和妥善化解各类校园安全事故责任风险,解除高校、家长的后顾之忧,有利于推动高校实施素质教育,有利于维护高校正常教育教学秩序,有利于保障广大在校学生的权益,避免或减少经济纠纷,减轻高校办学负担,维护校园和谐稳定,促进青少年健康成长。

### (四)抓好学生的养成教育

高校后勤管理工作要把学生的养成教育贯穿始终,并纳入高校德育工作范畴。在高校后勤管理工作中,要注重培养学生良好思想品德、良好行为习惯和良好学习风尚;在劳动实践活动中注重培养学生的劳动观念、安全意识和创新意识;在食堂就餐时注重培养学生文明就餐,勤俭节约的习惯;在起居生活中注重培养学生讲究个人卫生,讲究整洁和生活自理能力;在校园活动中注重培养爱护一草一木,不随地吐痰,不乱扔纸屑,尊老爱幼,助人为乐的公民意识。使高校成为社会主义精神文明建设的窗口。

## 三、高校后勤管理人员应具备的素质

### (一)管理职员的素质要求

要想做称职的后勤管理人员,首先必须具备以下能力。第一,思想活跃,接受新事物快,爱学习、爱思考、爱出点子,工作中注意发挥主观能动性,超前意识强,这有利于开辟工作的新局面。这是做好后勤管理工作的基础。

第二,有较强的敬业精神,爱岗敬业。工作认真负责,勤勤恳恳,任劳任怨,干一行,爱一行,专一行。有严明的组织纪律性、吃苦耐劳的优良品质、雷厉风行的工作作风。这是做好后勤工作的关键。

第三,在工作中能做到以人为本,以德养身、服务教学、办事稳妥、处事严谨、严于律己、勤政廉政、廉洁自律。这是做好后勤工作的保证。

第四，具备一定的专业知识和能力。后勤主任不仅要有专业知识、现代管理知识，更要有现代信息技术水平；不仅要有管理能力，更要有协调能力等。这是做好后勤工作的重要性。

第五，信奉诚实、正派的做人宗旨，能够与人团结共事，而且具有良好的协调能力。优势固然重要，但仅有优势也难以在工作中作出成绩。要使高校后勤工作开展得有声有色，还必须有自己的思路和设想。

(二)管理领导的素质要求

每一个高校的后勤部门，它的工作好与坏，直接关系高校教学工作的正常运转。作为高校后勤工作的领导者要具备以下几方面的素质。

第一，积极主动地站在全局的角度思考问题，做好校长的助手，本着"为高校服务、为教学服务、为教师服务"的宗旨。经常联系全体教职员工、收集各种信息。有计划提前组织好办公、教学、维修、卫生用品等各种物品和设备的采购、保管和供给的工作。为领导决策提供信息、出谋划策，当好"咨询员"。

第二，立足本职，当好"服务员"。为高校后勤服务是后勤主任义不容辞的职责，领导交办的事要不折不扣地完成，但是为领导服务的出发点和落脚点是为全校师生服务。因此，后勤主任，要认真管好高校财务，严格执行财经纪律，按照规定收好各种费用，合理使用各种经费，确保高校的各项开支合法合理；做好学生各种费用的收缴和结算工作，检查财务增收节支情况；做好高校基本建设、校舍的维修和校产清理、登记工作；做好高校的绿化、美化、净化工作，使高校有一个良好的教学环境和生活环境。

第三，搞好关系，当好"协调员"。后勤处是高校的后勤部门，需要处理内部和外部的各种关系。

第四，加强管理，当好"管理员"。后勤处工作面宽事杂，只有加强管理才能保证工作宽而不推，杂而有序。

# 第二节　高校后勤工作的内容、地位及作用

在高等教育事业的发展过程中，后勤工作逐步形成了比较完善的自

身体系。从现在高校后勤工作的基本格局和管理内容来看,后勤各部门主管着学校绝大部分校产,担负着学校财务管理、基本建设、物资设备供应和生活服务等重要工作。后勤管理的作用发挥得如何,在高校中有着举足轻重的影响。同时,学生在校期间,大多数时间在后勤部门管辖的领域中活动,因此,后勤工作在高等学校中处于为各项工作奠定基础、提供保障、壮大实力、创造环境的重要地位,并发挥着多方面的作用。

## 一、后勤工作的主要内容和管理组织体系

### (一)后勤工作的主要内容

高校后勤工作包括总务后勤管理、财务管理、基本建设管理和物资管理四个方面的内容。

#### 1.总务后勤管理

总务后勤管理也称生活后勤管理,是师生员工在校生活的重要保障工作,主要内容有:师生员工吃、住、行方面的生活服务和科学管理;水、电、暖气的正常供应;校园环境、通信设施、医疗卫生保健工作;托儿所、幼儿园的管理以及招待所、浴室、理发室、商店、书店等商业性服务。

#### 2.财务管理

高校财务管理的经费分为两大类:一类是预算内资金,又称教育事业费,是国家财政预算中拨给高校的办学资金;另一类是预算外资金,是指在国家财政预算之外,学校根据国家财政制度和财务规定,自收自支、单独管理的资金。财务管理的主要任务就是根据"包干使用,超支不补,结余留用,自求平衡"的原则和有关法规自主统筹安排这两种经费,编制综合预算,合理分配使用,提高投资效益,实施严格监督。

#### 3.基本建设管理

高校基本建设管理的主要任务是为学校的发展提供与之相适应的校园规模和建筑物,管理内容主要有:土地征用和总体规划、单项工程设计、施工进度和质量控制、大型的房屋维修和改建等。

#### 4.物资管理

高校物资管理是根据学校的发展规模以及实验室的建设规划,为保

证教学科研和行政事务工作的正常进行,及时、齐备、适量、优质、优价地供应所需物资,管理环节主要是物资的计划、采购、储运、分配和使用。

(二)后勤管理的组织体系

根据学校的规模大小,后勤管理组织体系分为三类。

学生在一万名左右的高校,一般由一名副校长分管,设总务长或校长助理协助工作,下设:①总务处,辖行政科、卫生科、接待科、运输科、绿化科、学生宿舍管理科、幼儿园等;②基建处,辖技术科、施工科、材料科等;③房地产管理处,辖校园科、动力科、房产科、维修科等;④财务处,辖计划科、基金科、会计科、出纳科等;⑤膳食处,辖食堂管理科、供应科、行政科等。⑥劳动服务公司等,辖综合服务科、劳务管理科、技术培训科等。

还有的学校由一名副校长分管,设总务长或校长助理协助工作,下设总务处、基建处、财务处、劳动服务公司等。

学生在 5000 名左右的高校,一般由一名副校长主管,直接领导各职能处,机构设置一般为总务处、基建处、财务处、劳动服务公司等,所辖科级单位也作相应的集中和精简。

学生在 1000 名左右的高校,一般由一名副校长分管,后勤管理工作集中设总务处,下分行政科、基建科、财务科、膳食科、劳动服务公司等。在高校深化改革的过程中,不少学校的后勤管理组织体系已经或正在向小机关—多实体—大服务的管理体制转变。即由一名副校长分管,设总务长或校长助理协助工作,下设后勤服务总公司(或后勤服务中心)具体管理膳食、学生宿舍维修、运输、医疗等服务中心,这些中心具有管理、服务和经营等功能,这是高校后勤服务走向社会化的重要尝试。

## 二、后勤工作的基础地位

我国高校以培育社会主义事业合格人才为根本任务,在高校的管理系统中,后勤工作与思想教育工作、教学、科研工作相辅相成,缺一不可。通过思想教育工作,把社会主义办学方向贯彻到了学校育人的每一个环节;通过教学、科研工作,办学水平得到提高;通过后勤服务工作,办学过程中所需的物质条件得到保障,显然,后勤服务工作是高校各项工作的物质基础。这一重要地位,通过后勤管理的先行、保障和配套工作而得到充分体现。

### (一)先行工作

任何一所高校从建立到招生,必须从选择校址、营建校舍开始,需要后勤部门提供最基本的物资和设施;学校开展各项工作,需要后勤部门提前落实好交通、房屋、水电等基础条件;学校的师生员工要正常进行教学活动也必须首先解决医、食、住、行等生活问题。可见,高校的创建和工作的起步,应该后勤先行。

### (二)保障工作

高校以教学、科研为中心工作,需要一支思想素质好、业务水平高的师资队伍,好的师资队伍需要一定的教学和科研条件,如此才能保证技术物资和设备的供应。可见高校工作的正常运行和教学科研成果的发展,需要后勤工作予以保障。

### (三)配套工作

任何一所高水平的学校,都会有高水平的后勤工作与之配套,这体现在:学校的管理水平和校风建设,需要通过后勤管理的工作效率、工作效益和校园环境的建设来加以体现和配套;教学、科研水平的提高和高精尖攻关任务的完成,需要后勤部门提供良好的工作条件和先进的教学实验装备;学校以育人为中心的工作系统,都需要后勤部门通过严格管理和优质服务进行配套。可见,高校的管理和发展,也必须有后勤工作的有力配合。

## 三、后勤工作的重要作用

后勤工作在高校里的覆盖面很大,对各方面的工作都会产生程度不同的影响,具有多方位、多层次的作用。

### (一)服务作用

服务是后勤工作的主要任务和作用,也是检查后勤工作质量的标准。后勤工作的服务对象既是学校的教学、科研工作,又是从事这些活动的人。后勤的服务作用体现在两个方面:一方面,高校的教学、科研工作具有较强的规律性,后勤部门能否了解、掌握并遵循这些规律,切实保障教学、科研工作的物质需要,是后勤的服务作用能否发挥和影响大小的关键所在。因此,后勤各项服务活动的开展,首先要考虑是否有利于教学、科研工作,真正以教学、科研为中心来安排后勤工作。另一方面,高校的师生员工大多数居住在校内,后勤部门能否保障并改善他们必需的生活条件,解除他们的后顾之忧,直接影响到高校各方面工作的正常开展,这就要求后勤人员从方便师生员工生活出发,增加服务内容,扩大服务范围,千方百计提高服务质量,牢固地树立全心全意为师生员工服务的思想。

## (二)管理作用

管理是后勤部门与学校教学、科研部门同样具有的基本职能。管理作用主要体现在将学校交给后勤部门掌管的仪器、设备、校舍和经费等财产物资保持完好的状态、实现正常的运转,提高使用效益和服务质量,创建美丽整洁的校园环境,维持正常的生活秩序,使校园内具有健康的文化氛围,学生保持良好的生活习惯,以保证学校更好地实现培养人才的目标。就后勤内部而言,管理作用是最大限度地发挥人、财、物的效益,通过建立健全各种形式的岗位责任制或经济承包责任制,落实岗位职责,提高工作效率,加强经济核算,实施考核奖惩,客观地反映个人或单位之间的工作差别,把利益分配与工作实绩挂钩,真正体现多劳多得,奖勤罚懒。

## (三)育人作用

从后勤角度对大学生进行的一系列教育活动,有时可以获得其他教育渠道所达不到的效果,发挥着管理育人,服务育人的作用。第一,通过后勤人员勤恳工作、热心服务的职业形象,在思想、作风、言行、仪表等各方面体现出示范性、教育性,以身作则,为人师表,体现行为育人;第二,通过修建优美整洁的校园,营造文明健康的环境,提供方便齐全的教学条件和生活设施,陶冶青年学生的道德情操,实现环境育人;第三,通过维护学校正常秩序,执行有关规章制度,培养青年学生的纪律意识,养成良好的生活习惯,达到制度育人;第四,通过组织校内的社会实践和公益劳动,让青年学生参与后勤事务的建设和管理,培养他们正确的劳动观念和勤俭节约的精神,锻炼他们的自我服务、自我管理等能力,进行实践育人;第五,通过管理和服务过程中与大学生的直接接触,开展正面教育,宣传党的路线、方针、政策和对青年学生的关怀,宣传后勤改革的积极意义,开展宣传育人。

# 第三节　高校后勤管理原理与方法

## 一、高校后勤管理的基本原理

高校后勤管理的基本原理是后勤集团工作人员在管理人、财、物、事的时候所依据的原则,是采取有效手段进行管理活动的基本要求。高校后勤集团在现代企业制度的建设过程中,只有在正确原则的指导下,才能实施有效的管理,实现高校后勤管理的目的。正确地认识并掌握学校后勤管理工作的基本原理,必须吸取现代管理学的思想精髓,依据高校后勤活动的规律,总结高校后勤工作的实践经验,学校后勤管理的基本原理有系统原理、人本原理、教育原理和效益原理。

### (一)系统原理

系统原理是现代管理科学的一个最基本的原理。它是指人们在从事管理工作时,运用系统的观点、理论和方法对管理活动进行充分的系统分析,以达到管理的优化目标,即从系统论的角度来认识和处理企业管理中出现的问题。

系统是普遍存在的,它既可以应用于自然和社会事件,又可应用于大小单位组织的人际关系之中。因此,可以把任何一个管理对象都看成特定的系统。组织管理者要实现管理的有效性,就必须对管理进行充分的系统分析,把握住管理的每一个要素及要素间的联系,实现系统化的管理。

管理的系统原理源于系统理论,它认为应将组织作为人造开放性系统来进行管理。它要求管理应从组织整体的系统性出发,按照系统特征的要求从整体上把握系统运行的规律,对管理各方面的前提做系统的分析,进行系统的优化,并按照组织活动的效果和社会环境的变化,及时调整和控制组织系统的运行,最终实现组织目标,这就是管理系统原理的基本含义。

### 1. 系统存在的基本条件

系统就是若干相互联系、相互作用、相互依赖的要素结合而成的,具有一定的结构和功能,并处在一定环境下的有机整体。系统的整体具有不同于组成要素的新的性质和功能。具体来讲,系统的各要素之间、要素与整体之间以及整体与环境之间存在着一定的有机联系,从而在系统的内部和外部形成一定的结构。可以讲,要素、联系、结构、功能和环境是构成系统的基本条件。

要素是指构成系统的基本成分。要素和系统的关系是部分与整体的关系,具有相对性。一个要素只有相对于由它和其他要素构成的系统而言,才是要素;而相对于构成它的组成部分而言,则是一个系统。联系是指系统要素与要素、要素与系统、系统与环境之间的相互作用关系:一方面它表明系统内的要素处于不断的运动之中。系统中任何一个要素的变化都会影响其他要素的变化,进而影响系统的发展。同时,要素的发展也要受到系统的制约,这是因为系统的发展是要素或部分存在和发展的前提。另一方面,作为一个整体的系统与它周围的环境进行物质、能量和信息的交换,形成了从系统的输入端到系统输出端的物质流、能量流和信息流。总之,事物是在联系中运动,而运动发展着联系。

结构是指系统内部各要素的排列组合方式。每一个系统都有自己特定的结构,它以自己的存在方式,规定了各个要素在系统中的地位与作用。结构是实现整体大于部分之和的关键,结构的变化制约着整体的发展变化,构成整体的要素间发生数量比例关系的变化,也会导致整体性能的改变。总之,系统的整体功能是由结构来实现的。

功能是指系统与外部环境在相互联系和作用的过程中所产生的效能。它体现了系统与外部环境之间的物质、能量和信息的交换关系。系统的功能取决于过程的秩序,如同要素的胡乱堆积不能形成一定的结构一样,过程的混乱无序也无法形成一定功能。从本质上说,功能是由运动表现出来的。

环境是指系统与边界之外进行物质、能量和信息交换的客观事物或其总和。系统边界将起到对系统的投入与产出进行过滤的作用,在边界之外是系统的外部环境,它是系统存在、变化和发展的必要条件。虽然由于系统的作用,会给外部环境带来某些变化,但更为重要的是,系统外部环境的性质和内容发生变化,往往会引起系统的性质和功能发生变化。因此,任何一个具体的系统都必须具有适应外部环境变化的功能。

## 2. 系统管理的基本原则

系统管理理论,即把一般系统理论应用到组织管理之中,运用系统研究的方法,兼收并蓄各学派的优点,融为一体,建立通用的模式,以寻求普遍适用的模式和原则。它是运用一般系统论和控制论的理论和方法,考察组织结构和管理职能,以系统解决管理问题的理论体系。

(1)动态原则

该原则是指任何管理系统的正常运转,不仅要受到系统本身条件的限制和制约,还要受到其他有关系统的影响和制约,并随着时间、地点以及人们的不同努力程度而发生变化。

(2)整分合原则

该原则的基本要求是充分发挥各要素的潜力,提高组织的整体功能,即首先要从整体功能和整体目标出发,对管理对象有一个全面的了解和谋划;其次,要在整体规划下实行明确的、必要的分工或分解;最后,在分工或分解的基础上,建立内部横向联系或协作,使系统协调配合、综合平衡地运行。

(3)反馈原则

它指的是成功的、高效的管理,离不开灵敏、准确、迅速的反馈。

(4)封闭原则

该原则是指在任何一个管理系统内部,管理手段、管理过程等必须构成一个连续封闭的回路,才能形成有效的管理活动。该原则的基本精神是组织系统内各种管理机构之间,各种管理制度、方法之间,必须具有相互制约的管理,管理才能有效。

## (二)人本原理

人本原理是管理学四大原理之一,顾名思义就是以人为本的原理。

它要求人们在管理活动中坚持一切以人为核心,以人的权利为根本,强调人的主观能动性,力求实现人的全面自由发展。同时,通过激励调动和发挥员工的积极性和创造性,引导员工去实现预定的目标。

### 1.具体实施原则

依据新人本原理的内容,可以延伸出如下几条管理原则。

(1)激励原则

激励又称双因素理论。满足人类各种需求产生的效果通常是不一样的,物质需求的满足是必要的。要调动人的积极性,不仅要注意物质利益和工作条件等外部因素,更重要的是要从精神上给予鼓励,使员工从内心情感上真正得到满足。

(2)行为原则

现代管理心理学强调,需要与动机是决定人的行为基础,人类的行为规律是需要决定动机,动机产生行为,行为指向目标,目标完成需要得到满足,于是又产生新的需要、动机、行为,以实现新的目标。掌握了这一规律,管理者就应该对自己的下属行为进行行之有效的科学管理,最大限度地发掘员工的潜能。

(3)能级原则

所谓能级原则是指根据人的能力大小,赋予相应的权力和责任,使组织的每一个人都各司其职,以此来保持和发挥组织的整体效用。一个组织应该有不同层次的能级,只有这样才能构成一个相互配合、有效的系统整体。能级原则也是实现资源优化配置的重要原则。

(4)动力原则

在组织中只有强大的动力,才能使管理系统得以持续、有效地运行。现代管理学理论总结了三个方面的动力来源:物质动力、精神动力、信息动力。物质动力指管理系统中员工获得的经济利益以及组织内部的分配机制和激励机制;精神动力包括革命的理想、事业的追求、高尚的情操、理论或学术研究、科技或目标成果的实现等,特别是人生观、道德观的动力作用,将能够影响人的终生;为员工提供大量的信息,通过信息资料的收集、分析与整理,得出科学成果,创造社会效益,使人产生成就感,这就是信息动力的体现。

## 2.实现方式

人本原理是现代管理发展的必然趋势和客观要求,任何一个组织的管理者在管理实践中都必须以人为本原理作为管理的主导思想,在管理的全过程中实行以人为中心的管理,在最大的限度内激发组织成员的积极性、主动性和创造性,有效地实现组织目标。人本原理的实现方式有以下几种类型。

(1)动力管理

动力是推动工作或事业向前发展的一种力量。作为一个管理者,每当在组织中发现低效率、无秩序、积极性不高等问题时,首先需要检查的就是推动工作进行的动力是否充足。因此,管理必须有强大的动力。一般来讲,管理的基本动力有三种类型:物质动力,它不仅是对个人的物质刺激,更重要的是组织的经济效益。经济效益是推动管理发展的动力,是检验管理实践的标准。只有将物质利益与管理活动结果结合起来,才能大大提高经济效益。也就是说只有把对组织的贡献与从组织得到的物质利益紧密结合起来,才能形成动力。精神动力是指组织及其成员的观念、理想、信仰等精神方面的追求所形成的管理动力,它包括理想教育、日常的思想教育工作,精神奖励等。精神动力是客观存在的,它能弥补物质动力的缺陷,而且本身就有巨大的威力,在某些特定的情况下,还可以成为决定性的力量。信息动力,是指信息的传递所构成的反馈对组织活动发展的推动作用。从管理的角度来看,信息作为一种动力,有超越物质和精神的相对独立性。在信息化社会,信息冲击产生的压力会转变成你追我赶的竞争动力,它对组织活动起着直接的、整体的、全面的促进作用。物质动力、精神动力和信息动力,是促使管理活动不断地持续下去的力量,管理不仅要有这些动力,更为重要的是需要管理者正确地运用这些动力,能够顺利地实现组织目标。而管理者要有效地实现动力管理,就必须从根本上重视人的需要。

(2)人才管理

善于发现人才、培养人才和合理使用人才是人才管理的根本。将人本原理的思想落实到人才管理中去,就要求管理者在工作中实现人岗匹配、人尽其才、才尽其用的目标。实现这一目标需要做好以下工作:

第一,人才测评。人才测评是建立在心理学、管理学和人才学等学科基础上的一种综合性人才评价系统,它通过心理测试、行为观察分析、情景模拟演练等,对人才的素质、结构和兴趣等方面能够得出一个比较客观的认识,这种认识为管理者认识人才价值,挖掘人才潜能提供帮助和指导。具体来讲,人才测评能够为组织提供整体的人力资源状况和水平,为组织做好人力资源规划打下基础,在人员的招聘和员工的培养和使用等方面进行有针对性的管理。

第二,能级管理。能级是现代物理学的概念,能是做功的本领,能量有大有小,把能量按大到小排列,犹如阶梯。在组织管理中,机构、人员等都有一个能量的问题,能量大,作用大。现代管理的任务就是建立一种使组织的每个人都能"各尽其能"的运作机制,为组织合理地配备人才和使用人才打下坚实的基础。实行能级管理,就可以达到这个目的。因为能级管理就是要在管理系统中建立一套合理的能级,即根据每个组织和个人的能量大小安排其地位和任务,使人的职位与能力相称。它要求管理的内容能够动态地处于相应的能级中去,以此充分发挥人的能力。随着知识经济的发展和市场经济的完善,对人的能力要求日益增高。能力的内在结构不仅包含着知识、智力和技能,更为重要的是指人的创新能力,这意味着以人为本,必须以人的能力为本。因此,管理者在实施能级管理的过程中,要突出发现能力、使用能力和开发能力三大环节。具体来讲,每个组织都要根据其组织使命和不同岗位特点,确定组织认可的能力范围。同时,对组织成员的个人能力进行科学测定,在此基础上实现按能配岗、按岗配人的人岗配置使用模式。将具有不同能力的组织成员配置到不同的岗位上,实现组织成员的能力的优化组合,使能力与能级相符。而处在不同能级的组织成员,则享受不同的待遇,组织成员的能力越高,结构越合理,得到的待遇就越好。它说明在注重能力与职位、岗位和责任相匹配的同时,还要将责任、权力和利益统一起来。而能力开发则是管理者按照组织长远发展的需要,采取各种有效的激励措施促使组织成员将潜在能力转化为现实能力,促使组织成员不断提高已有的能力。组织成员的能力一旦得到开发,其能力水平会发生变化,此时组织成员所处的能级也必须与之动态对应。只有这样,才能做到人尽其才,发挥组织的最佳管理效能。

在企业环境中,可采取以下措施促进工作丰富化:在工作方式、工作次序和作业速度方面给职工以更大的自由,使每个职工对自己的工作负有明确的责任;安排和鼓励职工定期轮换工作岗位和工种;扩大职工的工作范围,让职工参与某项业务活动的全过程,使职工明确认识到自己的工作对企业整体发展的意义及所做出的贡献等。劳动者只有看到了自我发展的可能性,就能不断提高工作的积极性、主动性和创造性。工作丰富化,使工作不再是一种烦琐的、冗长的、沉重的劳作,而是一种具有丰富意义和乐趣、讲究质量的生活方式。它能够在提高工作效率的同时,起到增进员工满足感的作用。

### 3.管理环境分析

在借鉴或者设计人本管理模式时,要考虑组织自身的物质和文化基础。

(1)组织的业务性质与特点

不同行业、不同组织有自身不同的性质和特点,对人员也有不同的要求。

(2)组织的主要矛盾

人本管理的模式往往是组织在解决发展过程中遇到的主要矛盾与主要问题时逐步形成的。

(3)组织传统及人员情况

人本管理模式与组织开创时形成的传统及人员结构存在内在联系。大庆油田开始建设时,吸引了一大批复员转业军人,他们把解放军的一套优良传统,所以才能在很短的时间里,在极其艰苦的条件下,取得巨大成功。

(4)组织环境

组织环境也是影响人本管理模式形成的主要因素。

（5）领导人的风格与创新精神

组织文化必然打上组织领导人的烙印，组织文化实际上是创始人理念的组织化。

## （三）服务原理

当今社会，服务主要涉及以下三个方面：一是在顾客提供的有形产品上所完成的活动；二是在顾客提供的无形产品上所完成的活动；三是无形产品的交付；四是为顾客创造氛围。

# 二、高校后勤管理的基本方法

高校后勤管理方法是在后勤管理活动中为实现管理目标、保证管理活动顺利进行所采取的工作方式。后勤管理原理必须通过管理方法才能在管理实践中发挥作用。管理方法是管理原理的自然延伸和具体化、实际化，是管理原理指导管理活动的必要中介和桥梁，是实现管理目标的途径和手段。后勤管理方法一般可分为：法治方法、行政方法、经济方法等。

## （一）法治方法

法律是社会规则的一种，通常是指由社会认可国家确认立法部门制定规范的行为规则，并由国家强制力（即军队、警察、法庭、监狱等）保证实施的，以规定当事人权利和义务为内容的，对全体社会成员具有普遍约束力的一种特殊行为规范（社会规范）。法律是维护人民权利的工具。

高校后勤管理的法治方法是指通过各种法律、法令、条例和司法、仲裁工作，调整高校后勤中的经济活动和经济活动中发生的各种关系，以保证和促进高校后勤工作顺利展开的管理方法。

法治是一个法律原则，指在社会中，法律是社会最高的规则，具有凌驾一切的地位，不得轻慢。所谓"凌驾一切"，指的是任何人包括管治机构、法律制订者和执行者都必须遵守，没有任何人或机构可以凌驾法律，政府（特别是行政机关）的行为必须是法律许可的。这些法律本身是经过特定的立法程序产生的，以确保法律符合人民的集体意愿。

## (二)行政方法

行政方法即行政管理方法,是指行政机关及其工作人员为实现行政目标,从公共组织内外部环境和管理对象的实际情况出发,在一定的管理思想和原则指导下所采取的各种措施、手段、办法技巧的总和,是指国家行政机关和行政人员为贯彻行政管理原则,实现行政管理功能而采取的措施、手段和办法、技巧的总称。行政方法是行政管理系统的有机组成部分。一个行政系统不仅要有正确的指导思想和科学的指导原则,还应当有使这些指导思想和原则付诸实践的环节和途径,这就是行政方法中的各种手段和措施。正是由于具备这些手段和措施,才使行政组织机构有条不紊地运作起来,使得各种各样的公共行政管理问题得到解决。

行政方法的内容包括三个方面:①基本手段。主要有行政指令手段、法律手段、经济手段、思想工作手段。②行政程序。它不只是一种办事的手续,也是一种规范行政行为的法律程序。③技术方法。

### 1.行政方法的特点

(1)权威性

行政方法所依托的基础是管理机关和管理者的权威。管理者权威越高,他所发出指令的接受率就越高。所以管理者必须以自己的优良品质、卓越才能去强化自己的管理权威。强制性行政方法是建立在隶属关系和行政权力基础之上的,上级组织和部门发出的指令、指示、规定和要求,下级被管理者都必须认真执行。

(2)直接性

行政方法借助于行政权威和行政服从,直接告诉人们做什么、不允许做什么。不需要与被管理者协商、征询意见即可作出决定,因而存在单向性。有利于迅速解决问题,提高工作效率。无偿性运用行政方法进行管理,上级组织对下级组织人、财、物的调动、使用可以不遵循等价交换原则,一切均根据行政管理的需要进行。

(3)实效性

行政方法在实施的具体方式上是因时间、地点、条件和对象的变化而变化的,因此,如果对象和时间变化,具体的实施方式也必须随之改变。

## 2.行政方法的优点

一是行政方法能明显提高管理的效率。行政方法采用垂直性的管理方式,依靠权威性和强制性,要求下级无条件服从上级的指示、指令、规定。因此,在行政机构设置合理,行政层次划分清楚,行政岗位安排得当,行政手段运用科学,指(令)示下达适当的前提下,运用行政方法对于提高管理效率起着重要作用:①使被管理系统集中统一,通过发布命令、贯彻实施、检查督促、调节处理等程序,把人们的意志和行动统一起来、组织起来;②有利于贯彻党和国家的方针和政策,有利于国家直接控制关系国计民生的决策和措施;③便于管理职能的发挥,如发挥高层领导的决策、计划作用,充分依靠政权机关的权威性对各个领域进行组织、指挥,通过行政管理,行政层次、行政手段进行控制;④便于处理特殊问题,以应付意外事件,如针对性地发布行政命令、对特殊的个性问题采取强有力的措施予以处理等办法。

二是行政方法便于处理特殊问题。行政方法实效性强,它能针对具体的问题及时发出指示,提出要求,较好地处理特殊问题和管理活动中出现的新情况。

三是行政方法是管理思想变为现实状态的中间媒介。任何一个组织(团队)的管理思想和原则,只有在获得了实现它的具体方法时,才能产生实际效用。同理,任何行政管理理论也只有在具备了一整套与之相适应的行政方法时才能够在现实管理活动中得到体现。

四是行政方法是实施其他管理方法的必要手段。

# 第二章 高校后勤管理模式与制度探究

## 第一节 高校后勤管理模式分析

随着高等院校的迅速发展,后勤管理成为高校管理的重要组成部分,高校后勤管理模式的建立和完善是保证高校日常运营和发展的重要保障。在众多高校后勤管理模式中,需要建立一套科学、合理和实用的管理模式,并不断进行改进和升级,以适应不断发展的高校需求。

### 一、高校后勤管理的主要模式

随着社会化的不断深入,高校按照国家关于后勤社会化改革的指导原则,结合各自实际,因地因校制宜,对高校后勤社会化进行了创新性的深入实践与探索,总结了许多的经验,创造了符合各自情况的多种后勤管理模式。高校后勤管理一般被认为是高等高校管理系统的三大子系统之一,即与科研教学系统、思想政治工作系统具有同等重要的位置。

高校后勤管理有两种基本模式,一种是刚性管理,一种是柔性管理。这两种管理模式备有优势。随着社会的进步,随着人们的物质需求和精神需求的增长,高校师生对后勤服务的要求越来越高。因此,在高校后勤管理中,要把刚性管理和柔性管理有机地融为一体,各取所长,互为补充,刚柔相济,管理效果的最大化。

### (一)刚性管理模式

刚性管理是高校后勤管理的一种基本模式。它强调以工作为中心,通常是多维度、多层次的。高校后勤的刚性管理就是要制订和完善各项规章制度,使之具有权威性和约束力,依靠各级管理人员照章办事,以强有力的执行力来贯彻落实规章制度,从而规范后勤秩序,为师生员工提供工作、学习、生活的条件保障。

### 1.刚性管理的基本特点

（1）制度规范

在刚性管理中,管理者往往制订规范的管理制度和操作规程,实行科学化管理。组织成员必须严格遵守既定的规章制度,必须遵守操作规程。管理者按照规章制度和操作规程对员工进行绩效评价,激励员工去完成组织的目标。

（2）组织严谨

在刚性管理中,自上而下形成了一个严密的明确的组织结构,从领导到员工,人人都有自己的工作职责,都有自己的岗位分工,从而各司其职,各尽其能,齐心协力,实现组织总目标。

### 2.刚性管理的主要作用

（1）基础和保障作用

在刚性管理中,制度是核心。在一个组织中,要使组织成员步调一致朝着组织目标奋进,需要有一套规范化的管理程序。后勤要完成各项任务,让师生满意,需要有一套规范的、行之有效的工作标准,以保证服务质量。

（2）公正和公平作用

高校后勤通过各项规章制度、政策法令来体现刚性管理。对组织成员的评价也以规章制度为依准,制定统一的考核评价体系、统一的衡量尺度和科学的评分标准,体现管理的公正性和公平性,调动组织成员的积极性。

### 3.高校后勤的刚性管理

高校后勤是保证高校正常运行的基石,是建设和谐校园的重要元素,校后勤需要有序的刚性管理。

（1）发挥高校后勤刚性管理的基础和保障作用

高校和社会有着千丝万缕的联系,在人们的道德水平不高,依然需要外在约束的情况下,后勤管理的刚性管理要充分发挥它的基础性、保障性作用。运用刚性管理,可以把后勤的各项制度和工作规范落到实处,保障后勤正常的秩序,为全校师生提供有效的后勤保障。同时,后勤的刚性管理也给师生带来了安全感和依托感。这样,他们就可以安心地把重点放在学习和工作上。

(2)依靠刚性管理对高校后勤工作实施监督和控制

高校后勤工作面对高校的方方面面,面对各种利益冲突与矛盾,需要实行有效的监督和控制。通过刚性管理,做到在规章、制度、政策、法令面前人人平等,对待同样性质、同样情节的问题进行同样的处理,充分体现刚性管理的公正性和公平性。

(3)实施高校后勤的刚性管理延伸效率管理

高校后勤的刚性管理强调按一定的方式、规程和标准要求去做好后勤工作,强调整个后勤体系的科学架构和合理运作,从而达到高效的结果,为师生提供快捷、及时、优质的后勤服务。

## (二)柔性管理模式

柔性管理是高校后勤管理的另一种基本模式。它体现了"以人为本"的理念和"人性化管理"的要求,是根据人的心理和行为规律提出来的。它采用非强制性方式,通过管理把组织意志变为员工的自觉行动。

### 1. 柔性管理的基本特点

(1)驱动的自觉性

柔性管理是通过诱导和启发,使员工树立正确的价值观,形成一种自我教育、自我提高、自我约束、自我实现的管理机制,把管理者的意志和组织的目标转化为人们的自觉行动,不断激励和释放他们的积极性和创造力。因此,它对员工的驱动不是靠权力,靠制度,而是靠员工的自觉性。

(2)影响的持续性

柔性管理注重内在的影响,通过心理提升影响员工行为,从而能持续地生产激励作用。批柔性管理运用到后勤文化层面,就能形成一种整体的、持久的激励力量,让组织成员受到文化氛围的熏陶,让人们按照组织文化的要求行动。

（3）激励的有效性

在社会的物质生活不断丰富的今天，组织成员的综合素质大大提高，他们的工作不仅仅是为了生活，更重要的是为了实现自我价值。员工的主体意识和心智、价值观和情感意志等柔性因素逐步成为调动员工积极性的重要因素，柔性管理以"个性化"为标志，强调员工思维的跳跃性、反应的敏捷性、创造的多维性，从而实现激励的有效性。

## 2.柔性管理的作用

（1）激发组织成员的自觉性

柔性管理的价值观、风格、规范、精神是全体组织成员一致认同，并共同遵循的一种内在心理，通过意识观念的渗透、同化，影响组织成员的行为方式，使组织有一种无形的吸引力，从而激发组织成员自觉遵守组织规范。

（2）激发组织成员的主动性

柔性管理以人为中心，进行人性化管理，使组织与组织成员建立一种良好的情感联系，形成休戚与共的集体意识，产生强大的凝聚力和向心力，因而能深层次地端正组织成员的工作动机，发挥组织成员的主观能动性。

（3）激发组织成员的创造性

组织成员的创造性由创造性意识、创造性思维过程和创造性活动组成，创造性思维是核心。创造性思维又包含发散思维，它与创造性思维关系最为密切，是创造性思维的核心。组织成员的发散性思维表现在行为上，即个人的创造性。

## 3.高校后勤的柔性管理

在高校后勤实施柔性管理，对组织来讲，强调感情留人、事业留人、待遇留人；对组织成员来讲，强调以人为本，遵纪守法，服务育人；对师生来讲，强调诱导、启发，正面教育，激发广大师生遵守规章制度、提高自我管理的自觉性。三方面相辅相成，发挥校园文化在后勤管理中的激励和制约。

(1)规章制度要取得师生的理解和支持

制订高校后勤管理的规章制度,要充分听取师生员工的意见,使各项规章制度符合大多数教职员工的心理特征,符合高校及后勤的实际情况,从而得到他们的理解与支持,把管理者的意志和目标变为广大师生的自觉行动,使柔性管理的驱动力得到充分发挥。

(2)注重对师生的情感投入

后勤管理部门要经常倾听师生的心声,针对师生的合理要求,增强服务意识,提高服务质量,解决师生的困难和要求,让他们感受到亲人般的热情和家庭般的温暖,从而使他们产生强烈的归属感,树立主人翁精神。

(3)理解、尊重师生的基本需求

师生员工是高校的主体,为师生员工服务是高校后勤部门的基本职责。要理解、尊重和尽可能地满足师生员工的基本需求,使他们对管理目标享有"参与性"与"选择性",从而在一定程度上增加自由度,拓展个性发展空间,在实现目标的过程中发展自我,展示自我,形成自我管理的有效机制。

(4)遵守服务承诺

高校后勤要通过柔性管理调动组织成员的积极性,全心全意为师生服务,实现服务承诺,为师生员工提供一个良好的学习、工作、生活环境。要积极拓展服务项目,提升服务水平,完善服务职能,多为师生办实事好事。如完善后勤服务监控体系,健全依托通讯网络的快速咨询、投诉反映和处理机制,完善投诉处理及工作满意率调查统计台账;开展后勤服务标准化建设,启动 ISO9001 质量管理体系的认证工作,建立并运行有效的高校后勤管理的理论与实践研究质量管理体系,促进后勤管理的系统化、科学化和规范化,进一步提升整体管理水平;为师生提供金龙卡充值服务、水电费充值服务、公寓住宿服务、票务服务、通讯服务和毕业生离校手续办理等服务工作,让师生享受"一站式"后勤服务;严格遵守食品卫生制度,开设特色餐厅,调整食堂经营模式,为高校各部门的建设和发展提供重点支持和保障。

## (三)融合管理模式

引进刚柔相济融合的后勤管理的新模式。刚柔相济是在管理中以刚性为基础,以柔性管理为补充,具有综合性、相容性和互补性的管理模式。高校后勤管理既要有规章制度的刚性制约,又要有以人为本的柔性管理,两者相辅相成,互为补充。这种模式具有两大方面的特色。

### 1.各取所长,互为补充

刚性管理和柔性管理都是高校后勤管理的基本模式,都是在长期的管理实践中总结提炼出来的,都有其各自的优点和特色。刚性管理通过制定和完善后勤管理的各项规章制度,依靠强有力的执行力来规范后勤秩序,对后勤工作具有基础和保障作用,并能有章可循,公平、公正地评价员工绩效,使后勤工作快速高效地为师生提供服务。柔性管理则是通过人性化管理,把组织的意识转变为员工的自觉行动,在调动员工的自觉性、主动性、创造性方面具有其独特的优势,弥补了刚性管理的不足。

### 2.刚柔相济,和谐统一

把高校后勤的刚性管理和柔性管理有机融合,就形成了刚柔相济的高校后勤管理的新模式。这是一个优势互补、和谐统一的新模式,它实现了高校后勤管理以法管理和以德管理的统一,组织管理和自我管理的统一,后勤管理和后勤服务的统一,制度管理和思想教育的统一。

(1)以法管理和以德管理的和谐统一

"以法管理"就是规章制度的管理,这是刚性的,强制性的。"以德管理"是道德规范的约束,是柔性的,非强制性的。规范校园公共生活秩序的手段多种多样,其中法律和道德是最基本的手段。师生社会公德的确立与遵守,需要法律和规章制度的制定和执行来保障;破坏公共秩序的行为,不仅需要道德谴责,更需要法律和校纪来制约。在校园公共生活中,道德可以用来调节、规范人们的行为,预防犯罪和不法行为的产生,是法律的最好补充,它能起到许多法律自身解决不了的问题。高校后勤管理要把法律制度建设和道德规范建设紧密结合起来,形成有机的整体,达到高度的和谐统一。

（2）组织管理和自我管理的和谐统一

组织管理即他律，包括法规、政策、制度、纪律等对行为主体的约束，自我管理则是自律，是行为主体对自我的约束。高校后勤管理既要有组织的约束力，做到有章可循，有法可依，坚持原则，敢抓敢管，也要有师生对后勤管理各种规章制度的自觉认知，通过自我认识、自我约束把制度要求内化成自身的基本素质，内化为师生的自觉行动，去实现组织目标。

（3）后勤管理和后勤服务的和谐统一

高校后勤具有管理和服务两种功能，既要通过严格管理，维护正常的秩序和良好的环境，又要以优质服务去满足教学、科研和师生生活的基本需要，管理涵盖着服务，服务是管理实施操作过程的具体化。服务与管理是后勤工作的手段和途径。要把服务与管理两者完美结合起来，全面提升管理服务的能力和水平，实现后勤管理和后勤服务的和谐统一。

（4）制度管理和思想教育的和谐统一

制度管理是用规章制度来规范组织成员的行为，强制性地进行约束和规范，使被管理者从不习惯到习惯，逐步养成自觉性；思想教育则启发自觉，注重疏导，重在提高觉悟。教育是管理的重要基础，管理又是教育的重要内容，两者相辅相成，营造和谐的学习工作环境，达到后勤管理的总体目标。

## 二、高校后勤管理模式的发展趋势

随着高校的规模不断扩大和发展的方向越来越多元化，后勤管理模式将越来越专业化、分层次、模块化、自动化、信息化和网络化。这些特点使得后勤服务流程变得更加高效，维护高校的正常运行更加稳定和持续。

在分散管理和集中管理的夹层模式下，后勤管理还包括高校建筑以及设施的物业管理、食堂、住宿等基础设施的管理，以及各式各样的服务性工作，如垃圾清理、绿地维护、保洁、社区服务等，都应该纳入普通高校的后勤管理模式中，以确保高校服务水平的提高。

### 三、高校后勤管理模式的主要优势

普通高校后勤管理模式的优势是为高校带来更高的工作效率和更便捷的服务方式。同样,该模式也在巨大的人力资源、投资、成绩认证和文化转型方面遇到了巨大的挑战。对于普通高校而言建立高效、智能、绿色、环保的后勤管理模式,是一段不断探索的历程。准确评估各自校园内各项工作运行的需求,确定合理的后勤管理模式,对普通高校的可持续成功至关重要。建议高校管理者制订下一步的计划,以便更好地整合人力、物力和财力资源,实现后勤工作时间和成本的优化,并建设整合整个高校后勤服务资源升级的动力。

高校后勤管理模式的发展,不仅是为了提高工作效率和服务质量,更是为了推进高校教育的新发展。智能化、个性化、标准化、信息化以及节能环保是后勤管理模式不断完善和升级的方向。高校后勤管理模式未来将面临人员管理、成本控制、科技创新、改革创新等多方面的挑战,需要不断深化和创新,继续发挥高校各种资源的综合优势和服务功能,推进后勤管理现代化的不断升级和完善,从而真正实现高校后勤工作的规范化、专业化、标准化和信息化。对于高校后勤管理工作的参与者而言,应该牢记高校的办学宗旨和服务理念,努力提高工作水平和服务质量,切实履行后勤工作的职责,从而为高校的发展和建设作出重要的贡献。同时,应该密切关注社会需求的动态,及时调整服务内容和管理模式,使后勤工作更加贴合高校学生和员工的需求,更加符合社会的发展需求。以此,推动高校后勤模式的不断创新,为高校和社会提供更好的服务。

# 第二节　现行高校后勤管理模式存在的问题及其对策分析

随着时代的发展,人们对教育的重视程度也越来越高,高校后勤管理体系是为广大师生提供服务的体系。随着我国高等教育体制的不断改革和发展和师生需求的日益多元化,高校后勤管理模式也随之发生了变化。

实现高校后勤社会化是我国高校后勤管理亟待解决的问题,由于理论的欠缺,使得我国高校后勤管理模式还存在着一系列的问题,具体可以分为以下几个方面。

## 一、高校后勤管理模式中存在的问题

### (一)管理观念跟不上时代的要求和发展

要想促进高校的发展,改革和创新是必不可少的,而高校后勤管理也是高校跟上时代的发展的。而现阶段,我国大多高校的后勤管理观念还停留在旧格局,无法跟时代接轨。

### (二)后勤管理结构不够合理

现阶段,我国大多数高校的管理结构还主要是直线职能制,由领导统一垂直领导,没有自己独立的组织机构体系。所以,很多高校后勤管理人员的决策大多是听从领导的指挥,决策针对性不强,无法具体问题具体分析,无法做到因地制宜,对问题的解决不是很有利。

### (三)后勤管理体制滞后

高校的后勤管理体系还存在着咨询体制不健全的问题,很多高校没有发挥后勤管理体系的"服务"精神,没有开设提供政策咨询服务,高校的咨询服务呈现可有可无的状态。这就使得高校后勤的决策不够民主化、透明化和科学化,也不能很好地调动员工的工作积极性,无法促动他们积极地为高校的发展建言献策。最后,缺少相应的监督和反馈机制,不能很好地监测和了解事情的发展和结果,不利于后勤管理工作的进一步开展。

### (四)后勤管理机制不够完善

没有形成健全的激励机制,没有很好地关注人们的多元化需求,激励方式过于单一,不能很好地激发员工的积极性。

## 二、如何构建新型高校后勤管理模式

### (一)改变陈旧观念,树立科学的后勤管理观念

首先,最根本就是要很清楚地明白,后勤管理的本质是服务而不是行政。高校后勤管理人员要牢固树立"服务"理念,把为全校师生提供一个良好的教学、科研、生活环境、满足广大师生日益多元化需求作为工作的重心,不断地增加服务的项目,提高服务的水平。

### (二)转变价值观

尽管高校后勤管理的本质是服务,但是,该服务不是无偿服务,而是有偿的。因为后勤管理经费是要由高校支付经费的,如果所有的服务都是无偿的话,无疑对高校来说是一个巨大的压力。所有,无论是高校的领导者还是后勤管理人员都不要对"服务"的理解有偏差,要充分引进市场经济体制下的等价交换观念,实行有偿服务。

### (三)扭转质量关观

为了促进高校的发展,为了为广大师生提供更优质的服务,高校后勤管理人员要扭转质量观,既要重"量",更要重"质",并不断地延伸服务范围,拓宽服务领域。

### (四)更正对象观

高校后勤管理人员要明确自己的管理对象是管理部门的下属管理组织、管理人员、服务人员还有资金、物资等。这样,就可以减轻后勤管理人员的负担,还可以促进管理效率和服务质量的提高。

## 三、高校后勤管理体制现状的解决措施

### (一)改变领导体制

要改变传统的总务处处长负责制和校长、副校长负责制,建立"董事会领导下的总经理负责制",在高校后勤管理机构中设立董事会,总经理的聘任交由董事会来解决,而不是传统的校长或者领导来解决,这样可以在一定程度上提高后勤管理人员的素质。此外,董事会要有自己明确的

章程和管理制度,总经理要有个人的管理制度,从而更好地明确自身的职责。

### (二)咨询体制的建立和完善

高校后勤要建立和完善咨询体制,使之成为能够为高校的发展和后勤的管理献计献策的好出处。为了保证机构的权威性和独立性,后勤管理人员要定期举行针对后勤重大事件和重要工作的讨论会,集思广益,为高校后勤重大问题、关键问题、局部问题等问题的解决提供更多的参考性建议,从而促进后勤管理工作的科学化、民主化。

### (三)健全监督反馈机制

要成立一个监督委员会,对后勤管理工作进行监督。监督委员会可以由高校领导、审计部门人员和高校师生代表等参加,使监督主体多元化、层次化,使得监督具有权威性。监督委员会要定期地进行信息的反馈,使得后勤管理人员可以迅速地改进和进步。

# 第三节　高校后勤管理模式的创新策略探索

高校后勤管理部门一方面为高校成员提供综合性的服务,另一方面为增强高校发展的持续性提供有力保证,对整个高校的运转具有积极的推动作用。为此,高校的后勤管理负责人既要重视,又需创造性地采取相应的措施,促进后勤管理质量的提升。现阶段各大高校在后勤管理方面取得了很大的进步,即在一定程度上运用多种方式对高校的各种资源进行优化配置,最终达到为高校各项活动的开展提供保障的目的。

## 一、加强高校后勤管理人员的队伍建设

在加强后勤人员的队伍建设中,可从人员的选拔、后勤工作流程的优化、考核制度的建立以及后勤人员的培训四个方面入手,并在执行的过程中落实科学发展观念,侧重构建具有和谐性、幸福性的校园,推动高校建设的良性发展。

## （一）人员选拔

在后勤管理人员的选拔过程中,相关人员需构建相应的制度,保证选拔的公平、公正和公开。在实际的执行过程中,相关人员可从如下角度入手:第一,落实管理人员流动机制。为了让各个管理层了解其他岗位,并进行有效的配合,高校领导可构建后勤管理人员流动机制,将不同部门管理者的思维融入其他部门中,达到优化管理程序、提升后勤管理质量的目的。第二,构建竞争式的人员选拔机制。为了让后勤人员在工作中充满干劲儿,高校相关领导可构建竞争式的人才管理模式,并落实"庸者下,平者让,能者上"的人才选拔机制,真正让有能力的人担任后勤管理部门的领导,促进后勤管理质量的提升。第三,打造良好的员工反馈机制。为了对后勤人员进行有效的监管,高校领导可构建相应的员工反馈机制,比如:设置反馈小信箱,或是进行领导满意度评选等,从而让高校后勤领导真正认知个人的问题并进行相应的改正,激发后勤领导层的工作积极性,提升整体的后勤管理质量。

## （二）优化工作程序

在工作流程的优化过程中,高校后勤领导一方面需明确后勤工作人员的责权范围,另一方面要了解整个工作的流程,并在此基础上构建相应的管理流程,促进后勤管理效率的提升。在明确后勤管理的责权范围上,后勤管理层需要设置岗位与职能对应机制,明确后勤员工的工作方向,促进他们服务质量的提升。

在优化工作流程的过程中,高校领导需深入后勤部门,了解各个工作的流程,并在此基础上引入 PDCA 循环方法,掌握各个流程的完成状况。更为重要的是,高校后勤领导可以最终的后勤服务效果以及工作完成的时间为依据,进行相应的后勤优化调整,真正找到后勤工作的突出问题,并在解决的过程中优化整个后勤工作的流程。考核制度的构建一方面可以了解最终的工作结果,另一方面能够掌握后勤工作人员的工作态度。

在此基础上,后勤领导可根据具体的考核状况可从两方面进行管理工作:第一,运用科学的思想指导促进沟通。后勤领导结合员工的表现,与他们进行沟通,真正在了解员工的工作心理和态度的基础上进行疏导,使员工更为积极地融入工作当中,促进后勤服务工作的提升。第二,结合员工的回馈,进行相应制度的调整。在实际的后勤管理过程中,有些内容是管理者不能发现的。针对这种状况,管理者可以根据员工的回馈结合相应制度存在的问题进行相应的调整。通过充分运用考核制度,后勤管理者形成良性的闭环管理控制系统,促进管理质量的提升。

## 二、开展柔性的后勤人员管理

在开展柔性的后勤人员管理过程中,高校管理人员可从制度的理解、在职员工的情感投入、后勤标准化建设三个角度入手,并注重听取在后勤在职员工的心声,构建相应的柔性后勤管理模式,推动后勤管理工作走上一个新台阶。

### (一)构建获得后勤员工理解的管理制度

在后勤管理制度的构建中,相关后勤领导一方面要充分尊重后勤员工的主观意见,并制定具有"群众"基础的管理模式,赢得在职员工的支持,促进相应制度的执行。另一方面,在相应管理制度的构建过程中,后勤管理者需结合该校的实际状况,制定具有符合实际的管理模式,让后勤员工的工作更为有效地开展,促进整体后勤管理质量的提升。

### (二)注重在职员工的情感投入

在后勤管理模式的构建过程中,后勤管理者需让在职后勤员工树立主人翁意识,让他们真正参与到相应的制度构建中。更为重要的是,后勤管理者应维护好在职员工的核心利益,并以解决后勤员工的工作问题及提升后勤员工的质量为中心,真正让后勤员工的心声得到倾听,让他们真正在后勤工作中投入感情,促进后勤员工主人翁精神的形成,激发他们的干劲儿,获得良好的管理效果。

### (三)后勤标准化的建设

为了提升整体的后勤服务质量,后勤管理者构建标准化的体系在实际的执行中,后勤管理者可从如下角度入手。

第一，完善监控体系建设。为了了解实际的后勤服务效果，后勤管理者可构建相应的服务监控体系，借助信息技术构建监控平台，即利用大数据对投诉事件进行整理，发现最为集中的问题，进行针对性的管理，促进后勤服务质量的提升。

第二，引入高水平的质量管理体系。后勤管理者可引入ISO9001管理体系，并构建与之对应的管理模式，提升后勤管理的规范化和制度化，促进后勤人员服务能力的提升。

第三，构建"一站式"后勤服务。比如：通过"后勤服务大厅"、线上服务平台，提供"一条龙"的服务，让学生享受后勤服务的便捷性，促进后勤管理质量的提升。

## 三、重视后勤工作的文化建设

在后勤工作的文化建设中，后勤管理者既要重视文化的作用，又需采取合理的措施，真正发挥文化感染人、激发人的作用，激发后勤员工的工作积极性，促进后勤管理工作质量的提升。在实际的执行过程中，后勤管理者可从以下3个方面入手。

第一，树立正确的后勤服务理念。在打造正确的后勤服务观理念中，后勤管理者需要对员工进行思想方面的建设以及引入"两育人理念"，即在管理中育人、在服务中育人，让员工真正在实际的工作中获得综合技能的提升。

第二，注重制度建设。制度是文化建设的根本保障。为此，作为后勤管理者需构建相应的制度，比如：行为制度、责任制度以及工作制度等，让后勤员工严格按照相应的规则进行执行，将文化转化为后勤员工的行为，促进后勤管理质量的提升。

第三，构建以人为本的后勤管理体系。在实际的后勤管理工作中，后勤管理者需落实以人为本的原则，从后勤员工的角度出发，在尊重后勤员工个性的基础上，对他们进行多角度的培训，促进员工多方面素质的提升，为增强后勤管理的有效性提供强有力的文化支持。

## 四、打造信息化的后勤管理平台

随着信息技术的普及,后勤管理工作呈现信息化的特点,不断满足在职员工对后勤工作的需求。在实际的后勤工作开展中,后勤管理者一方面需引入相应的硬件设备,为构建信息化的后勤工作奠定物质基础,另一方面要引入相应的软件系统,构建数据化的后勤管理模式,了解各个后勤工作的环节及具体的状况,并结合发现的问题制定相应的管理策略。与此同时,后勤管理者可运用信息技术搭建后勤门户网站,及时与后勤相关的信息,比如:停水、停电信息,或是严重的违纪行为等,真正促进后勤管理质量的提升。此外,后勤管理者可构建微信公众号,并定期向学生推送相应的后勤信息,比如:充饭卡的时间等,让学生更好地享受后勤提供的服务。在具体的执行过程中,后勤负责人可从如下的角度入手。

### (一)构建相对完善的后勤管理信息系统

除了构建现实性的后勤管理制度外,高校后勤管理人员可运用信息技术构建相应的后勤管理系统,真正促进相应信息的管理,获得良好后勤管理效果。在实际的执行过程中,后勤管理人员可参照如下的措施。首先,构建高校一卡通卡片。高校后勤人员可争取高校的力量,在提升后勤管理便捷性的同时,制定高校一卡通卡片,将各项学生的缴费活动集中在此卡片上,比如:食堂缴费、校内商品的购买等,从而让学生的生活更为便捷,促进后勤管理质量的提升。与此同时,后勤管理人员可利用网络的优势,将此项业务转移到手机终端,真正让学生通过手机实现一卡通的相关功能,让学生从自由选择一卡通,或是手机服务等功能,提升后勤管理的服务水平。其次,后勤管理可运用多种社交工具,构建相应的后勤管理推送系统,比如运用微信公众号,定期推送相应的后勤信息(如会议通知、安全提示以及政策宣传等),让全校师生可第一时间进行相应信息的接收,提升后勤管理工作的完善性。

### (二)构建数字化的后勤管理系统

高校可进行数字化的后勤管理系统,为每一位学生设置相应的后勤管理账号,并结合该校的实际状况进行相应后勤模式的构建,真正让学生享受后勤服务的便捷,提升整体的后勤管理水平。在实际执行过程中,高校可构建面部识别系统,在保证高校财务安全的同时,让学生可以更为便捷地享受高校提供的各项服务,比如图书阅读、公共体育教室的运用等。与此同时,高校可运用大数据对学生的各项活动进行分析,了解该校学生业余生活的兴趣集中点,构建与学生兴趣相符的各项服务,真正满足学生在业余生活的精神需要,促进后勤管理的提升。

### (三)促进高校后勤基础设置建设

为了提供便捷的后勤信息化管理模式,高校需要构建与此相配套的硬件设施,比如:相应的网络设施以及基础硬件设施等,增强该校后勤管理的标准化程度。在实际的执行过程中,高校相关负责人可根据该校的实际状况因地制宜进行相应设施的构建,分阶段、分时间地开展相应基础设施的构建,为提升后勤管理的有效性提供助力。

### (四)从人才和资金着力,为后勤信息化模式实施提供助力

在现阶段的后勤管理模式构建中,笔者发现信息化后勤人才以及资金成为限制后勤信息化管理效益提升的关键性制约因素。为此,后勤管理者可尝试从资金以及信息化人才的引进、培养两方面进行此部分内容的论述。在信息人才的引进方面,相关后勤管理领导者可引入具有创新意识、综合素质高的人才,优化后勤管理人才的结构。与此同时,高校可适当提升这部分人才的待遇,真正让他们更为积极地投入到后勤信息化的管理过程中,让他们为高校的后勤管理作出相应的共享。与此同时,高校领导应注重增强本校后勤人才的信息化能力,可侧重从如下角度入手:第一,开展针对性地培训。高校领导可组织后勤管理人员进行相应的培训,让他们真正接受培训中获得基本的信息操作技能。尤其是应注重对一些年龄大的后勤员工进行针对性培训,让他们真正适应信息化后勤管理模式,促进整体后勤服务人员综合素质的提升。第二,构建层次化后勤培训模式。高校可进行层次化的后勤管理模式:层次一,具备基础的信息整理和搜集能力。高校可针对一些具有信息技术基础的人员,进行更高

层次的培训,比如:数据信息的培训,让他们真正具备运用大数据整理信息的能力,使这部分人员可通过数据进行相应后勤方式的调整,提升整体的后勤服务质量。层次二,针对一些具有较高信息水平的后勤人员,高校可进行更高层次的培训,比如:进行信息的开发功能(信息的抽象性分析、信息处理系统的设计等),让这些员工可结合本校的实际状况,适时地对该校的后勤管理系统进行相应的挑战(比如删减、增加相应的功能),从而让后勤工作更具有时效性和针对性。在资金方面的引入方面,高校可设置相应的后勤管理资金制定,并充分运用国家提供的优惠政策,申请相应的贷款,真正推动该校后勤管理的信息化。与此同时,高校可与相关企业进行合作,结合该校实际发展状况向相应的企业进行贷款,从而拓展该校的融资渠道,促进后勤管理的信息化水平,提升后勤的综合管理质量。更为重要的是,高校需构建相应的监督机制,保证后勤的每一分资金用到刀刃上,合理进行资金的优化配置。

## 五、构建生本性质的后勤服务管理模式

### (一)构建生本性质的服务管理模式

高校在日常的管理过程中一方面需要考虑盈利,另一方面需要考虑学生的服务质量,真正平衡好两方面的关系,促进后勤管理质量的提升。在实际的执行过程中,相关后勤负责人可从以下三点入手。

第一,真正掌握后勤管理的主动权。高校在实际的后勤管理过程中,为了真正提升后勤的管理服务水平,可进行相应管理模式的调整,比如:将外包模式管理转变为该校模式管理,真正让该校掌握后勤管理的主动权,即让该校员工为该校师生服务,提升后勤管理的服务水平,真正从学生的需求出发构建相应的后勤管理模式,推动该校后勤管理的实效性。

第二,引入竞争机制。为了保证学生吃到健康的绿色食品,使他们享受良好的服务,高校可构建相应的竞争机制,即让各个提供饮食服务的公司进行竞争。更为重要的是,高校可定期让各个提供饮食服务的公司进行竞争,即提供相应的菜品,让学生进行选择,在考量菜品营养的基础上,

结合学生的意愿选择相应的公司,真正提升该校后勤服务的质量。

第三,签订相应的协议。为了提升后勤饮食服务的质量,高校可与提供饮食服务的公司达成相应的协议,让相应公司按照协议活动。高校需对某些未履行协议的公司进行惩罚,真正让他们为学生提供物美价廉的食物,提升后勤的服务质量。

## (二)构建高素质的后勤管理队伍

生本性质的后勤管理队伍不仅可以提升学生的幸福感,而且还能促进相应政策的执行,有利于整体后勤管理质量的提升。在具体的后勤队伍建设过程中,高校可以借鉴如下的措施。

第一,让后勤管理人员树立正确的服务理念。后勤领导者可进行针对性的培训,加强对"三全育人",即全员育人、全程育人以及全方位育人的宣传,提升对"四服务"的宣讲,即人性化服务、前瞻化服务、主动化服务以及规范化服务,真正让后勤人员树立正确的服务意识,积极地投入到相应的工作中,为学生提供更为优质的服务。

第二,建立公开、透明的竞选制度。在进行后勤管理层的竞选过程中,高校可构建公平、透明的管理机制,注重将思想觉悟高、综合能力强的管理人员引入后勤管理层,促进整体后勤管理质量的增强。

第三,构建具有可执行性的后勤管理措施。后勤管理部门可构建可执行性措施,真正将后勤服务落实在学生的身上。例如,为了让学生树立安全意识,后勤负责人可在宿舍安装相应的警示牌,让学生树立保护个人财物的意识;为了增强学生的消防能力,后勤工作人员可定期组织消防方面的培训,让学生在具体的培训过程中获得综合素质的提升,使他们在面临各种灾害问题时更为冷静地进行处理。通过构建高素质的后勤管理队伍,高校可让后勤人员树立较强的服务意识,让他们真正将后勤服务落到实处,让学生体会到后勤服务的周到和温暖,提升整体后勤服务水平。

总而言之,在后勤工作开展过程中,后勤管理者需落实"实干兴校"的理念从实际的角度入手开展相应的后勤工作,一方面积极倾听后勤员工的心声,完善相应的制度,另一方面巧妙运用信息技术,搭建具有信息化的后勤平台,还应制定相应的制度规范后勤员工的行为,真正打造高水平的后勤管理模式,促进后勤服务质量的提升。

# 第四节　高校后勤管理制度分析

在现实社会中,人们生活的方方面面都跟制度有着直接或间接的联系,制度是国家机关、社会团体、企事业单位,为了维护正常的工作、劳动、学习、生活的秩序,保证国家各项政策的顺利执行和各项工作的正常开展,依照法律、法令、政策而制订的具有法规性或指导性与约束力的应用文。高校后勤管理制度是针对高校后勤服务进行规范和管理的一项制度和政策。

## 一、设施管理制度

高校设施管理制度的制定是为了确保高校设施的正常运行和维护,包括建筑物、设备、设施的维修和保养以及设施投资和更新的规划和管理,以下从基建维修制度以及资产管理制度两个方面进行详细分析。

(一)基建维修制度

从总务工作的内容和任务来看,学校的基本建设是第一位的工作,是总务工作管理其他内容的基础,是学校建设的百年大计。基本建设用地的选择,长远的规划,校舍建设的方案都要以教育方针以及学校事业的长远规划和广大师生员工的切身利益为依据;以有利于教学,有利于生活,有利于健康为原则。

①教室、实验室和图书馆(室)是校舍的主体建设,首先是教室,教室作为广大师生教与学的场所,对其进行维护必须根据教育学和生理学的要求确定合理优化的教育面积,桌椅布置、采光通风、人员流通和卫生清扫等设施,实验室和图书馆也要达到这些要求。

②运动场地和固定的运动设施是重要的基本建设,这不仅是体育课所必需的,而且是集体活动、锻炼身体不可少的,必须按照学生的比例和

体育的要求进行建设。体育器材必须分类,按性能存放,防止自然因素(霉、锈)损坏器材;建立账目登记册和借还登记册,做到物账相符;妥善保管器材,就地取材检修陈旧破损的器材,尽量延长使用寿命;妥善保管室内财物,防止事故发生。

③微机室管理制度规定学生进入机房后不得高声喧哗,脚步、动作要放轻、放慢,爱护各种设备,按要求操作,不得随便移动、拆卸、改装计算机;不得在机房吸烟,不许把易燃物品带入机房;学生上课要列队进机房,不得随意进入;保护机房卫生,美化机房环境。操作完后要及时关好主机,切断电源,盖好机巾,确保安全,不论任何人非正常使用造成损失,要追究责任,加倍赔偿。

④校园的绿化、修饰是美育的基本建设,也是创造使人舒畅的工作、学习和生活环境的必要条件,必须根据教育要求进行设计、规划和建设。

## (二)资产管理制度

### 1.公用房的使用管理制度

①公用房的分配,由后勤部门按学校意见安排。

②公共用房和专用房屋,如食堂、专用教室、实验室、阅览室、室内活动室、会议室、汽车库、仓库、图书室、配电房、锅炉房等,由使用部门负责管理。

③集体活动的公共用房,由使用部门制定制度,并负责管理。

④教职工集体宿舍由后勤部门管理。入住教职工应遵守学校有关制度,保证宿舍的安全、卫生、文明。

### 2.公用房屋及附属设备的维修制度

①应加强对公用房屋的巡视,发现破损或接到用户报修,应及时维修。

②整栋房屋的常规维修保养,由管理部门提出方案,经校长室研究报主管部门批准后实施。

### 3.水电管理制度

①水电管理的基本要求是爱护设施、保证安全、注意节约、改善服务。

水电工必须持证上岗,熟悉学校的供电、广播、电话、电视、网络线路、给排水管线和消防管线等。

②水电设施的常规管理。对校内的水电系统要建立档案资料和巡视维修制度,保证用电安全,防止水质污染和管道破裂。

③学校应严格执行国家消防法,安排专人负责,定期对消防设施、器材进行检查、维护,保证完好无损。

④供电设备的检查、维护学校应按供电部门规定,在变电所(配电房)门前设立警示标志,定期检修、保养,避免发生事故。自备发电机要有专人负责管理,按规定检修保养,并做好记录。

### 4.物资管理制度

学校物资包括固定资产、材料和低值易耗品三类。学校的物资管理实行统一领导,专人负责,做好物资采购、验收、入库、建账、发放、核算及更新报废等管理工作。物资采购工作应严格按上级有关规定执行。

①固定资产的购置。学校各部门所需物资由后勤部门统一采购。各部门应在学期末提出下一学期的物资需求计划,经分管校级领导签署意见后,交后勤部门汇总,报校长审批,上交教,由教勤管站按审批后的项目内容组织采购。

②固定资产由校财务室统一管理,各校建立固定资产分类账、分户账;使用部门建立相应的账卡,并有专(兼)职人员管理;财产部门建立固定资产总账,统管固定资产的价格核算。

③固定资产的增减和校内调拨,应办理手续。固定资产的报损、报废应填写《固定资产报损报废单》,批准后办理销账手续。

### 5.低值易耗品的管理制度

低值易耗品主要包括:办公用品、清洁卫生用品、劳保用品、劳动工具等。低值易耗品实行计划采购,定额供应。由后勤部门征求使用部门意见后编制计划,经分管后勤校级领导审批后,由后勤部门采购,专人负责领用。物品的采购、验收、入库、管理及材料管理相同。

### 6.家具、办公、生活用具及一般设备管理制度

一般设备指桌、椅、凳、橱柜、床、沙发、电扇、体育器械等,实行统一管理,由使用部门或个人负责。学校制定配备标准、管理及赔偿制度,后勤部门负责购置,按标准发放,建立账卡,每年核对一次,办理报损报废手续,做到账物相符。新生入学、毕业生离校、教职工调进调出,均应办理领用物品归还手续,遗失、损坏按制度赔偿。

## 二、财务管理制度

高校的财务工作是学校工作的重要组成部分。必须严格依法依规做好财务每项工作,做到规范行为,理财,公平、公正、透明,使财务工作规范化、制度化。为严肃财经纪律,认真执行上级有关财务制度,高校后勤管理工作应遵循以下制度。

### (一)收费工作制度

学校收费严格按上级文件精神执行,依法依规,坚持原则,不乱设收费项目,不增加收费标准。健全收费手续,加强收费过程的管理,增加透明度,每期收费由班主任经手收费,做好登记造册,开好收据工作,同时由学校教工代表参与清理;财会人员要及时将现金上交银行进财政笼子。对少数特困生依据实际情况,由班主任提出详细情况,经学校集体研究给予适当照顾。教职工一律不准为学生担保学费及其他款项。

### (二)票证管理制度

①根据会计制度的规定,学校的会计凭证,会计账目、财务公章、校长印章由主办会计负责管理,现金银行存款往来由出纳负责管理,银行往来操作过程中,现金支票有出纳管理,印章由会计或分管领导管理。

②收据从财政局领回,由会计集中管理,登记编号,出纳用收据先履行领取签字手续,后由出纳开具使用,清理入账后上交财政局核销,期末对所用收据进行清理核实。

### (三)财务支出制度

①严格按财政局下发预算指标执行,专款专用,超标准使用必须报上

级主管部门审批。

②往来支出发票,必须是有效的税务正规发票,支出发票上必须由经办人签字注明用途,分管的主任,主管财经副校长会审合格后签字,最后由校长每月审核两次,审核后方可报销,未审核不得入账。所有发票未经签字,出纳不得结账;购物发票保管员要对事物做好入库登记手续。

③审批实行"一支笔",凡无主管财经校长签字和校长审核的票据一律不得入账,严格控制乱支乱批,严肃财经纪律,如有违规要追究当事人责任。

④凡因公出差的,按文件规定执行,外出开会学习的如交了会务费、资料费一律不领补助,县内出差不领补助,车费按规定核定报销。

(四)结算、审计制度

①财会人员必须做到日清月结,出纳做好现金、财务往来业务,每月定期结账,在下一个月5日前必须做好上一个月账,及时向主管领导反馈经济状况。

②每一个学期结束前,由学校总支委员会、工会、教师代表组成的清算小组进行清理、审计、结算,全面盘点。

(五)报账,报表制度

①每月结账后,迅速做好报账工作,每月8日前向主管局做好报账。

②按时完成上级交给的各项报表工作,不延误,不迟报。

③每学年初做好本单位全年收支预算,当好领导参谋。

## 三、服务管理制度

服务管理制度指的是负责对高校后勤服务的规划和管理,包括食堂、宿舍、医疗等后勤服务的提供和改进,以满足师生的需求。高校后勤服务管理制度的目的是提高高校后勤服务的质量和效率,为师生提供良好的学习和生活环境。同时,它也是高校管理的一部分,可以优化资源的配置和利用,提高高校的整体运行效率。

## (一)采购制度

为了加强采购管理,严格采购手续,使采购工作规范化、制度化,特制定如下制度。

①购物经办人员必须端正思想,坚持原则,以主人翁精神为学校办事。

②每学期分阶段各处室必须做好购物计划,由分管的主任及分管校长提出,校长办公会决定。型的购物由领导小组向财政局采购办申报,批准后方可施行。

③学校购物,必须由购物领导小组负责,集体采购,加强监控,增加透明度,不得有任何个人行为。

④集体购物不得徇私,讲面子,做到公平、公开、公正。

⑤购回物品必须进库由保管员核实登记签字,方可领用。

## (二)食堂管理制度

食堂是广大师生的重要生活福利场所,是保证健康的基础条件,是学校教育和教学的保证条件。食堂的建设一定要做到坐着用餐,即使是简易的桌椅也可以,这对学生的健康很重要。厨房的设施应注意卫生条件,严格操作制度,尽量减少炊事员笨重的体力劳动,具体分为以下几个方面。

①食堂职工(不含正式职工)统一实行招聘制,在工作上实行优胜劣汰的原则,学校将根据个人的工作业绩定期考评,对不胜任本岗位的.人员可以随时解聘,应聘人员校内家属女 53 岁以内,校外应聘人员男女均为 50 岁以内,以身份证为准。确需体检,由卫生部门发健康证为准,无健康证不得应聘。

②食堂工作人员要树立主人翁意识,全心全意为教学服务,为师生生活服务,热爱本职工作,服从分工,热情待人,努力办好师生的生活。

③安全工作重于泰山,坚决杜绝安全隐患,食品卫生工作从源头抓起。对锅炉等要害部位,要经常检查,常抓不懈。每个人都要搞好食堂饮食、炊具及环境卫生,消毒落实到位。

④食堂的钱、账、物实行分开管理,每次购回的物质由保管员分别验收,后勤主任核实,三人签名(两名保管员、食堂主管)后,方可报账。宗食品的采购,须经食堂主管同意,集体议价方可购买。购置固定财产,要报经学校领导同意后,方可添置。对手续不齐全的,内容不清楚的发票出纳有权拒付资金。

⑤账目要做到账目、账证、账物三者相符,及时算账,日清月结。每月28日由出纳将本月的收支凭证报会计做账。

⑥加强财务管理,做到理财,增强财务管理透明度。每月将食堂收支情况向学校主管部门报审。

⑦加强实物保管,严格进出库物手续。做到存放有序,保管严格、进出有账,防止食物霉烂变质或被鼠害。对手续不健全,严重失职造成的责任事故追究当事人的责任。

⑧钻研业务,提高饭菜质量,讲究营养搭配,主副食品齐全。保证饭菜按时足量供应,不得出现差饭少菜现象,不得出售生饭、生菜、变质变味饭菜。

⑨工作人员必须按时上班、下班,工作时间不准外出,杜绝迟到、早退现象。违者按学校制定处罚,特殊情况(生病、红、白喜事)需提前请假的须经后勤主任批准后方可离开,擅自离校一律作旷工论处。每个组长要做好考勤记载。

⑩工作人员就餐一律在食堂就餐,其家属和子女一律在窗口购饭。对营私舞弊、打饭购物不刷卡的和以工作之便谋取私利的职工坚决予以辞退。

# 第三章　高校后勤管理信息化建设

随着互联网的不断发展,信息化已经成为各个领域的核心竞争力之一。高校后勤管理作为为保障学校正常运转和师生安全的重要工作之一,也逐渐开始向信息化转型。

信息化具有高效、精准、方便等特点,将后勤管理引入高校信息化建设可大大提升高校后勤管理工作的效率和质量。高校后勤管理信息化建设的意义主要体现在以下几个方面:①提高工作效率。信息化建设可以实现自动化处理,减少人工干预,节省劳动力和时间成本。②提升管理水平。借助信息化工具,可以对后勤管理进行精准监管,实时掌握各项管理指标和工作进展情况,及时排除潜在问题。③提升服务质量。信息化建设可以在各种细节方面提升服务质量,如预定用餐、快递派送等,提高用户体验和满意度。

# 第一节　高校职工住房管理信息系统建设

## 一、高校职工住房管理信息系统建设的内涵

### (一)高校职工住房管理信息系统建设的背景

当前,信息化、智能化已经成为现代社会的重要特征之一,成为衡量先进程度的重要标准。高校住房性质的多样性和住房改革的复杂性等因素导致高校住房管理发展水平不能满足信息化、智能化管理的需要,管理手段和理念极大地限制了高校住房管理经验的交流及住房管理成果的共享,在一定程度上影响了高等学校整体管理水平的提高。

### (二)高校职工住房管理信息系统建设的具体内容

高校职工住房管理信息化研究是一项顺应发展潮流,联系管理实际,有着较为重要实践意义的工作。本节旨在建立一个以高校职工住房基础资料管理为核心,以住房租赁、住房维修网络化处理为特色的一体化、流程化的管理模式,形成功能完善的高校职工住房管理信息系统,主要工作如下:第一,充分调研部分高校职工住房管理工作的内容、流程及信息化建设现状,进行用户需求分析。第二,从业务流程和功能模块两方面对系统进行设计,并建立起各模块之间的逻辑关系。第三,详细研究高校职工住房管理业务的实际处理流程,相关的信息处理及数据流向,建立信息处理模型,完成数据库设计。第四,完成高校职工住房管理信息系统的设计与测试应用,并对运行结果进行分析,总结系统特色。

### (三)高校职工住房管理信息系统建设的目的

高校职工住房管理信息系统的建设需掌握高校在职工住房信息化管理方面的期望及要求,总结高校职工住房信息化管理中存在的问题,提炼高校职工住房信息化管理的功能,开发适应高校特点的功能完备、使用方便的职工住房管理信息系统。

### (四)高校职工住房管理信息系统建设的重要意义

系统实现了 B/S 构架下高校职工住房管理信息化、自动化。对正常运行的软件及硬件环境要求低,适应性强,运行速度快,操作灵活,界面友好,有效提高了高校职工住房管理的办公效率。系统将目前高校职工住房管理信息化通行手段尚未涉及的周转房租赁和住房维修等两项重点工作进行流程数字化,利用权限控制和流程管理相结合,对现实管理业务进行模拟,改变了传统的租赁及维修管理模式;系统通过权限分配管理有效保证了管理业务的规范性,系统通过日志管理记录下管理用户的关键操作,对各类管理行为进行监控,保证了数据安全。测试数据在系统中能正确运行并产生准确的结果,且具备较好的容错性和提示功能。如系统对电话号码、身份证号、职工编号等字段有相应的检查规则;系统能显示所设定的查询统计条件及结果,能准确记录用户对数据库的操作行为。

　　高校职工住房管理工作是高校行政管理的重要组成部分,其具有维持学校人才队伍稳定,促进校园和谐,推进事业发展的重要作用。同时高校职工文化层次相对较高,接受与探索新生事物的能力较强,对现代管理技术及网络的认知程度较高,为在高校职工住房管理中实施信息化提供了较好的基础。职工住房管理系统立足于增强服务功能,实现管理部门的网络办公和职工住房需求的网络处理,能有效改变和树立管理部门"服务至上"的形象,在实际工作中为职工提供方便和实惠。

　　随着现代信息技术的不断普及,如何借助信息技术来推进职工住房管理,不仅仅是提高工作水平的需要,更是实现高校后勤管理信息化管理、推进高校数字校园建设的迫切需求。

## 二、高校职工住房管理信息系统分析

### (一)功能需求分析

　　通过对高校职工住房管理业务的分析,明确了系统的基本功能。在系统开发中,需要按功能类型以及实现的方法重新归纳,系统主要具备参数设置、基础资料管理、租赁管理、维修管理、查询统计、日志管理、权限控制等七个功能。

#### 1.参数设置功能

　　本项目将住房管理业务中的有关参数集中起来由管理员统一控制,解决了数据准确性和规范性的问题,有利于住房数据的查询统计,同时也增强了软件在不同使用单位的通用性。

　　结合目前高校职工住房管理实际,参数可分为系统类(系统备份、目录、合同模板、系统邮箱、使用单位名称等),住房类(住房性质、使用状态、区域、结构等),职工类(单位、职工类别、工作状态、职称职务等),租赁类(职称职务加分、配偶加分等),维修类(维修类型等)五类。管理员根据软件使用单位实际情况进行参数设置后,系统在基础数据录入、批量数据导入和数据查询统计时自动调用标准数据。

### 2.基础资料管理功能

基础资料管理模块主要处理住房信息、职工信息及补贴信息等组成高校职工住房管理工作所有业务的三大基础信息，并通过住房登记实现住房与职工的一一对应，明确住房分配关系。该功能可实现信息录入、信息修改、信息查询及删除等操作，是系统运行的基础。本项目设定严密的数据检查与判断机制，调用系统参数对界面录入数据进行可靠性检查，有效保证了基础数据的准确性。

### 3.租赁管理功能

住房货币化分配改革后，高校职工住房主要存在购买和租赁两种形式，而租赁住房是高校住房管理工作的重点。目前，各高校均采用由单位证明、递交申请、排队等候、管理部门讨论、通知住户、签订协议、交纳租金等程序形成的职工住房租赁模式和"带口信、跑现场、打电话"的管理部门与职工的互动机制，其特点是所有程序均需职工本人及管理部门手工操作。

在研究当前各高校需求后，本项目将租赁管理各业务流程数字化，实现用户网上申请住房，系统自动调用有关基础资料信息进行分析，职工网上跟踪个人业务处理情况，管理部门各类工作人员在权限范围内进行业务受理，做到住房租赁与租金收取关联管理、信息处理与用户互动同步。

### 4.维修管理功能

职工购买校内公房时扣留了部分公共维修资金，租赁住户也缴纳了租金，住房制度改革且实现住房货币化分配后，为职工住房提供公共部位的维修服务及管理是高校职工住房管理的重要内容之一。

本项目在分析现有职工住房维修管理后对维修管理进行创新，实现了住户的网上报修和业务的网络处理，同时系统能自动向住户反馈申请业务的受理状态，简化了流程，方便了住户。

### 5.查询统计功能

由于高校职工住房管理涉及的职工信息、住房信息及住房分配变更、维修等信息相当丰富，数据更新较快，数据准确性要求高，其在很大程度上影响了管理部门政策制定及决策。传统的电子表格或纸质记录材料非常不利于各类数据的统计分析,房源情况、不同性质的住房分配及维修情况、不同类别职工的住房情况等统计数据获取相当困难,准确性很难保证。

考虑系统服务于实际工作的需要,研究采取条件组合的形式实现住房、职工、租赁、维修、货币补贴五类信息的综合查询统计。通过区域、结构、楼栋、使用状态等关键字统计住房信息;按单位、职称职务、人员类别等关键字分析职工住房状况;根据管理要求分析住房租赁情况、维修情况;统计租金收取情况等,解决了一直困扰高校职工住房管理中的"家底难摸、信息难求"的难题。

### 6.日志管理功能

研究通过对数据库操作进行监控,将所有修改数据库的行为记录下来,按录入资料、修改资料、受理申请、审批住房、审批维修五类操作对日志进行归类,监督所有管理用户的操作行为。

### 7.权限控制功能

本项目对高校住房管理中各业务环节进行整理,将所有操作权限进行明确,由高级管理员根据系统使用单位实际对各级管理员进行统一分配,很好地实现了对工作人员办事行为的控制和监督。

### (二)业务流程分析

在对系统的组织结构和功能进行分析时,需从一个实际业务流程的角度将系统调查中有关该业务流程的资料都串起来做进一步的分析。业务流程分析有助于了解该业务的具体处理过程,发现和处理系统调查工作中的错误和疏漏,修改和删除原系统的不合理部分,在新系统基础上优化业务处理流程。本项目涉及的具体业务主要是住房租赁管理和住房维修管理,结合工作实际及管理工作的发展方向对业务流程进行分析是系统服务于实践、系统科学设计的基础。

### 1.住房租赁业务流程

教职工网上填写住房租赁申请,通过数据检测后写入数据库,工作人员浏览申请表后报告管理员,管理员综合各种情况后给出处理意见并报高级管理员审批,高级管理员反馈意见后,管理员通过系统后台通知职工其申请的受理情况,职工通过电子邮箱或上网查看处理意见后到工作人员处办理相应手续,从而完成住房租赁业务过程。

为解决突发情况下住房租赁的临时快捷受理,研究允许高级管理员跨过受理及审查程序实现高级管理员直接针对某一用户实现住房租赁,但其操作记录仍写入操作日志。

### 2.住房维修业务流程

住户网上填写或工作人员现场填写维修申请,通过数据检测后写入数据库,工作人员浏览维修申请后报告管理员,管理员给出处理意见并反馈给用户,用户上网或通过电子邮箱查看处理意见,并到工作人员处办理相应手续,也可以实现由管理员或高级管理直接针对某一住户的住房维修。

### (三)系统设计分析

高校职工住房管理信息系统立足于高校职工住房管理工作中的各项业务操作,实现住房管理信息化。系统设计的目标是:管理功能满足高校职工住房管理需要;对外服务及业务处理实现网络操作;数据安全可靠、共享方便;实现住房及职工资料网络管理;租赁及维修业务网络处理,同时提供公共信息及住房政策、信息的网上发布和查询,为职工住房提供完善、快捷、方便的服务。

## 三、高校职工住房管理信息系统建设的创新发展对策及趋势

### (一)改进高校职工住房管理信息系统的措施

#### 1.业务流程数字化

住房的租赁及维修管理是高校职工住房管理的重点和难点之一。系统对当前通用的租赁及维修管理工作进行业务再造,以参与管理工作的人为核心进行工作权限分配,对管理工作流程细节进行分类整合,建立申

请—受理—审查—审批—反馈的业务受理机制,简化职工用户住房租赁及维修申请办理环节,实现了网络分布式处理。

## 2.参数集中管理

系统将随软件使用单位变化而变化,但相对固定的基础数据集中起来统一管理,由管理员在软件使用前统一进行设置,系统工作过程中自动调用相关参数。不仅使用更加方便,而且使软件适应性更强,能符合不同用户单位的需求,也在一定程度上维护了数据安全。

## 3.租金电算化

租金电算化是指将计算机技术应用到租赁业务处理工作中,用计算机代替人工记账,利用软件获取和处理租赁数据,输出各类统计和结算报表的过程。系统通过初账产生所有租赁住户的当月租金记录,月底采取扣付预交租金或扣工资的形式统一进行租金结算,如住户临时退房,则将当月租金记录支付模式改为按天支付,并进行结算。

通过租金电算化,系统方便、快捷地实现了对租金收入、支出的统计,可按楼栋、住房号、单位等统计租金收入和欠费情况,可对住户租金明细进行查询统计。

## 4.权限灵活控制

系统按操作菜单划分权限,在管理用户使用菜单时进行权限检查和控制。相应权限则由高级管理员在权限控制模块对各类管理员进行分配,其既可以实现对各类管理员权限的统一设置,又可以在某个时间段内赋予某管理员特定权限。

## (二)基于新型技术支持下的高校职工住房管理信息系统建设发展趋势

### 1.系统与高校数字校园门户的集成及数字平台的数据共享

数字校园是高校信息化建设和发展的趋势,数字平台是高校数字校园建设的重要内容。职工住房管理数据在高校数字平台中占有重要位置,利用数字平台上的人事信息等数据更新住房管理系统数据库,通过数字平台有条件地共享住房管理的有关数据是一个重要研究课题。

## 2. GIS 技术在高校职工住房管理中的应用

当前 GIS 技术向多维化、网络化发展，三维 GIS 可以实现房产图形的三维显示，使图形表达更直观；WebGIS 技术可使房产的三维信息能在管理人员之间共享，广大职工亦可通过网络访问有关三维数据。GIS 技术可使常规的信息化管理手段内容更丰富，形象更生动，服务更人性化。

# 第二节　高校校园节能监控平台建设

## 一、高校校园节能监控平台的内涵

### (一)高校校园节能监控平台的概念

节约意识和节约技术一直是能源管理工作中最为重要的两个问题，节约意识靠用能群体素养提高和国家及社会的合理宣传可逐渐养成，而节约技术的探索则永远在路上。充分运用物联网技术，在合理布局计量关系网络的基础上，建设基于高校校园地图的公共用能监管平台，发挥数据监测和数据分析对管理决策的支撑作用，是作为用能大户的高校提升能源管理水平，降低办学成本，提高办学效率的有效途径。

### (二)高校校园节能监控平台的建设目标

第一，摸排高校校园计量网络现状，完善计量关系网络，建立布局合理、计量科学的计量系统；第二，实现全校能源分类分项计量及运行监管功能，为学校管理者提供决策支撑；第三，灵活的能耗数据统计与分析，实现故障的研判和用能预测，优化能源调度运行方案，有效降低能耗；第四，能耗数据实时在线自动采集与存储、计量设备的在线访问与监测；第五，不同类别计量设施，不同类型采集设备等异构数据源的整合、集成；第六，建立一个能与其他平台共享数据，能从其他接口获取数据的能源消耗数据中心。

节能监控平台建设的最终目标应是实现"六化"，即：能耗数据化、数据可视化、节能指标化、管理动态化、决策科学化、服务人性化。其中，能耗数据化和数据可视化体现能源监测功能,即可通过各类终端计量表具的建设,完成能耗数据的数字化采集、统计和分析;节能指标化和管理动态化体现能源监管功能,即可通过对各类能耗数据的分析,制订合理能耗指标,实现定额化管理、预测性管理;决策科学化和服务人性化体现管理水平,是节能监控平台建设的核心目标。

## 二、高校校园节能监控平台建设的系统分析

### (一)高校校园节能监控平台的功能介绍

#### 1.高校校园节能监控平台系统的具体内容

为了实现节能管理和控制,必须在电能计量管理系统、给水管网检测系统等的基础上,通过数据融合、数据挖掘及远程动态图表生成等技术,实时从能源监管平台提取数据;通过地域导航、定位监测的方式,形成直观的数据展示和数据综合分析;通过对海量能耗数据的综合处理与运算,形成各类统计学图表,实时反映历史能耗对比与未来能耗趋势。从而实现能源指标的合理度评价、能耗走势的科学管理。

系统实现的功能与技术指标包括以下内容:①能耗数据采集;②综合能耗数据监管;③能耗信息公示管理;④能耗数据分析;⑤能耗审计;⑥能耗数据统计;⑦能源数据预算;⑧节约型单位指标考核;⑨节约型单位指标考核能耗综合报表;⑩考核能源手工录入。

#### 2.高校校园节能监控平台系统能耗数据采集

(1)数据采集层

数据采集层核心设备一般由远传电表、水表、燃气表、暖气表、数据网关、多功能测控模块、无线短距离通信模块等计量控制仪表构成。数据采集层对各监测点的能耗数据进行实时采集,再通过网络将能耗数据实时传输到数据中心。平台提供详细的电表和采集器的通信规约,只要符合规约,平台就能采集相应的能耗数据。

(2)数据传输层

传输层可分为上层传输层和下层传输层。下层传输层即现场数据实

时传输网络,采用 485 总线通信方式,总线有效通信距离不大于 1 km。上层传输层为有线方式或无线方式。有线方式利用网络,采用 TCP/IP 协议,由数据采集网关将标准通信信号转换成 TCP/IP 协议;无线方式作为对布线难度较大的区域一种补充,可以采用 GPRS、WIFI、LORA 等通信方式。

如遇到网络故障,数据网关会继续采集能耗数据,当网络恢复时将断网期间数据主动上传至数据中心实现断点续传功能。

### 3.高校校园节能监控平台系统综合能耗数据监管

(1)基本信息预览

基本信息是通过图、表等形式对各组织结构基本信息(包括行业代码、用能人数、用能面积、人均能耗、面积能耗等)的罗列及描述。

(2)能耗信息公示管理

通过 Web 方式向公众公示各建筑的能耗情况,按照不同监测对象进行分类分项汇总和排序,生成用能、人均用能以及单位面积用能 TOP 10 及对应表。

社会公示:展示导则要求所有单位信息,包括建筑基本信息、能耗水耗电指标、节能指标、节能改造项目等。

(3)能耗数据分析

能耗数据分析能源分析是从结构上分析各能耗情况:①单位能耗:各机关单位能耗数据(电、气及其他手工录入的能耗信息);②人均能耗:各机关人均能耗数据(电、气、煤石油等);③人均水耗:各机关人均水耗数据。

(4)能耗审计

能耗指标审计即根据已经分配的能耗指标,定期对监控对象进行指标审计,随时发现能耗超标状况,提示并监督目标、调整、完善节能工作。其包括能耗指标检测、建筑能耗审计等。

综合报表用来将各能耗数据按年、月生成能耗报表及账单,并在连接打印设备的情况下支持直接打印。其包括月分类能耗、年分类能耗、月能耗账单、年能耗账单四种形式报表。也可根据用户提供的 Word 文件格式，自动填充动态能耗数据，生成能耗分析报告，并可导出 Word 文档。

能耗指标检测：对已分配了的指标用户进行用能审计及浏览；建筑能耗审计、部门能耗审计：根据建筑或部门一年用能概况、能源设备、节能监管等工作进行审计，并生成可用的能耗审计报告以供提交上级部门进行审计工作。

（5）能耗数据统计

能耗数据统计是对各能耗实时监测数据进行统计并对其进行综合对比分析的过程。其包括同期对比，分类部门、同类部门对比，分项电耗对比等统计分析。

①同期对比：对手动选择的三个需要对比年份及目标能源，以图、表的形式显示其能耗信息；②分类建筑：比较同期各建筑对某能源的耗能情况以及同期某建筑下各部门对某能源的耗能情况；③能源结构：对各种能耗转换成标准热能，从而可以查看，比较不同能源的使用情况。选择需要查看的组织后，选择时间，刷新；④分项电耗：是对各种性质耗电情况的统计分析。选择需要查看的组织后，选择时间，刷新。

4. 能源数据预算

①能源数据预算是系统的核心模块，它通过对各能耗进行实时监测，统计其能耗数据，分析其能耗规律，得出专家预测耗能趋势并对其加以控制；②能耗预测：通过对各能耗的实时监测，得出能源数据，并绘出历史－预测分析图的过程，用户可以通过改变查询条件查询其他能源能耗预测分析；③能源指标：通过历史能耗值走向分析制定日后能耗指标，并通过实时监测数据预测能源耗能趋势。其历史值、指标值、预测值分别以不同形式体现在图、表中，可以通过设定的目标能源能耗节约指标及历史数据分析节能情况。④碳中和预算：用来计算区域内二氧化碳的排放量和植被二氧化碳吸收量的工具。

### 5.系统管理与维护

（1）权限设置

①权限设置是对操作员、角色、权限、模块进行分配及管理；②操作员管理：根据实际情况制定相应的角色，对不同的操作员分配相应的权限；③色管理：根据实际情况建立角色管理，便于操作员权限的合理分配；④权限管理：界面个性化设计，主要用于开发及调试人员对不同项目的、不同需求的功能权限管理。

（2）在线网关

可以实时浏览网关运行情况以及针对数据网关抄读设置参数信息，通过网关可将控制指令及水电额度下达给相应表计。

（3）在线设备

可以实时浏览所有表计的运行情况。

## （二）高校校园节能监控平台建设的软件架构

高校校园节能监控平台建设的软件通信模式分为以下几点：第一，系统交互：采用 TCP/IP 协议。第二，系统与数据采集网关：采用 TCP/IP 协议或 485 协议，或其他通用标准协议。第三，数据采集网关与电能表：采用 TCP/IP 协议、485 协议、MBUS 协议或其他通用标准协议。第四，物理链路：主干网络采用光纤通信、局部光纤和通信电缆、特殊位置可以考虑无线通信。

系统采用 B/S 架构，基于面向服务构架（SOA）。应用系统从软件层次上主要分为基础设施、数据层、服务层、展示层。

### 1.基础设施

基础设施是保障节能监管平台正常运行和扩充的基础。包括网络、路由器、采集仪表、数据网关、服务器、客户端硬件、服务器系统软件、数据采集、监管平台对接的应用运行的基于标准协议的信息软件。

### 2.数据层

数据层是系统的基础，处理能耗数据的采集、处理、上报、接收、存储、监测、决策、控制、收费等。通过网络、硬件、采集仪表、采集器完成用电实时能耗数据的采集、预付费管理等;对于外部系统数据,通过系统的接口服务完成与外部系统的数据交换。

### 3.服务层

服务层可分为基础服务层和应用服务层。基础服务层提供业务组件服务和公共组件服务。基础服务层的数据二次计算服务通过对原始采集数据进行加工处理后储存到业务数据库。应用服务层把复杂的业务逻辑、庞大的基础数据、复杂的数据格式等封装成服务,对封装的服务进行自由组合与编排,快速进行不同应用模块间的互联互通和数据交换。

### 4.展示层

展示层是面向社会的公开数据,主要展现能耗公示、用电查询、地图等。各层次需要将业务数据和执行逻辑尽量分离,为了建立各层之间的松散耦合的关系,各层通过统一的服务接口来传递数据,形成具有高度可扩展性的应用平台架构。

## (三)高校校园节能监控平台建设的技术路线

第一,利用传感器网络、数据网关、前置数据中转站组成的多级硬件架构体系和分布式数据库技术,构成开放分布式实时数据采集系统及快速、实时的数据处理体系,使系统能够很好地支持不同类型的传感器。

第二,利用SOA的架构实现校园内部其他应用、上级主管单位业务系统与能源监管平台之间业务逻辑及数据整合,形成一个有机的多层次分布式实时数据处理系统。

第三,各个分系统之间的衔接采用松散耦合的形式,以降低整体复杂性和依赖性,使应用程序环境更敏捷,能更快地适应业务逻辑变更,降低系统风险,使系统维护更方便。

第四,采用SOA客户形式调用能源监管平台的数据服务并整合显示,提供用户便捷、直观的功能界面,使能源使用情况直观显示在用户界面中,帮助用户全面了解校园整体能源使用状况及趋势。

### (四)高校校园节能监控平台建设的数据整合

系统根据高校实际情况采取数据库接口模式和 Web Service 模式与现有数据进行整合。

#### 1.数据库接口模式

高校内部应用系统数据时采用数据库接口模式。数据库接口模式主要是指两个独立应用系统的数据交换,基于标准的 SQL 实现数据库的互操作。前提是两方的数据库要互相开放,而数据库的安全性则由各自系统的安全权限来控制。数据库接口模式由管理员定义需要同步的表,由数据交换接口根据管理员设置的时间完成表数据的交换或同步更新。数据库接口模式需校方信息管理中心同意才能执行。

#### 2.Web Service 模式

高校校园节能监控平台采用"1+X"模块化设计,平台软件和各子系统或功能模块应具备标准第三方接口,以下各项子系统均可根据具体情况进行组合互联互通使用,并能利用 Web Service 接口将本系统数据上传到上级监管平台、校园一卡通或向外部提供有关系统数据和系统管理的操作,获取平台有关信息。

①基于 Web 的现场监控组态。平台客户端采用 Web 方式,在浏览器上可以实时配置平台内各种硬件信息,并能实时监控设备的运行状况。其具有数据网关管理、在线网关配置、表计管理、在线设备管理等功能。

②短信报警与查询服务平台。节能平台内有短信平台,当平台监测到异常状况时可以通过短信给相关人员报警,用户也能通过短信关键字查询平台内相关信息。

③实现专业的在线报表服务。安装报表控件后,用户可以在浏览器上实现报表的浏览、打印、导出等工作;平台自带专业的报表设计器,用户可以根据自己的需求修改平台内的统计报表。

④与第三方系统无缝衔接。平台采用 ESB 服务总线模式兼容第三方系统,平台只需为第三方系统开发一套适配器接口,系统之间的数据和

互操作指令通过 XML 文件传递。

⑤支持多样的设备通信接口。平台使用的数据网关能兼容 RS485、MBUS 的通信接口,并支持 GPRS 通信。

⑥支持通用的数据库存储管理。本平台支持 Oracle、MySQL、SQL Server、PostgreSQL 等多种国际主流关系型数据库。

⑦丰富多样界面表现形式。界面的表现形式不仅有图表显示、报表显示,还有地图数据显示,配电管理中将配电房内结构用一次接线图、二次接线图的方式显示,给水管网中将单位的用水管道以管网方式表现,并将管网以图层的方式表现在单位三维地图上。

## 三、高校校园节能监控平台的发展对策及趋势

建立表计之间的物联网络,采用信息化技术实现高校能源消耗的科学管理,既能督促摸排计量现状,理顺计量关系,又能提升管理水平。由于高校后勤管理信息化基础比较薄弱,数据建设水平较其他领域相对落后,后勤管理人员信息化素养参差不齐,虽走出了能源监管信息化的第一步,但在节能建设管理上仍任重道远。

### (一)提升高校校园节能监控平台发展的对策分析

#### 1.运用物联网技术建立计量表计之间的联络

通过物联网技术建立计量表计之间的联络从而建设一个校园能源消耗监管系统是可行的。高校校园节能监控平台在理清表计之间计量关系和校园管网走向的基础上,通过具备信号传输功能的表计、数据采集设备、校园网络、数据服务器,建立了一个实时的高校校园公共水电消耗监管平台,数据准确、运行稳定。

#### 2.通过科学分析能耗数据以推进节约型校园建设

高校校园节能监管平台能科学分析能耗数据,推进节约型校园建设。通过本平台,可对特定用户、特定区域、特定时间段水电消耗情况进行分析,及时发现供水管道跑冒和水电供配过程中的其他问题。在设定正常

值和合理偏离值的基础上,系统能智能分析管道、线路及用户的异常情况,并向控制中心推送报警信息。

## (二)基于新型技术支持下的高校校园节能监控平台建设发展趋势

### 1. 完善的高校校园节能监管平台需要技术的进一步创新

在表计设备上,由于公共建筑及用户表计大多在户外,时常发生水淹土埋现象,导致表计故障率较高,如何提高表计性能,提升防水等级是一个紧急的课题,关系平台的持续、稳定运行;表计供电方式需进一步创新,目前有电池供电和市电供电两种形式,由于数据抄读频率较大,电池供电存在低温环境下不稳定和工作寿命不长的问题;由于公共部位表计(水表)很多位于户外,采用市电供电走线成本较高,研发一种稳定、可靠的电池或新的供电方式迫在眉睫。

### 2. 分布广泛的表计设施数据采集需要一种新的组网方式

当前节能监管平台数据采集普遍采用 485 或 TCP/IP 协议通信,这两种有通信方式有一个共同点,就是需要大量的数据采集器及优先或无线的数据传输网络,由于设施设备各类故障及管理部门维护力量不足等,表计上线率很难保障,上线率低就意味着平台数据不完整、不真实,对现实管理工作的贡献大大降低。探索一种新的组网方式,通过数量极少的中间设备,可以在表计之间实现无线数据传输,可让采集点分散的节能监管平台建设充分简化,因此成本大大降低。

当前 LORA 技术发展迅猛,LoRa 是 LPWAN 通信技术中的一种,是采用和推广的一种基于扩频技术的超远距离无线传输方案。这一方案改变了以往关于传输距离与功耗的折中考虑方式,为用户提供一种简单的能实现远距离、长电池寿命、大容量的系统,进而扩展传感网络,通过在表计上集成 LORA 通信模块,理论上可实现 5 km 以内的无线传输。

### 3. 基于地图技术的节能监管平台建设

将节能监管平台与高校校园地图整合,将表计及传输设备布局在校园地图上,让系统显示真实友好,设备维护方便快捷。

# 第三节　高校校园泵站安全管理系统建设

## 一、高校校园泵站安全管理系统建设的内涵

(一)高校校园泵站安全管理系统建设的概念

高校校园泵站是为水提供势能和压能,解决无自流条件下的排灌、供水和水资源调配问题的唯一动力来源。一旦遭到人为破坏,将造成难以估量的损失。如果后期管理不善,可能直接导致供水设施的功能降低甚至丧失或存在投毒等重大安全隐患。因此,高校校园泵站的经济运行和安全管理尤为重要。

现代通信技术和视频技术的迅速发展,为高校校园泵站管理建设的数字提供了技术上的有力保证。基于多种通信技术的远程视频监控系统和控制,高校管理部门可以实现 24 小时不间断地实时查看供水设施及泵站内部、周边安全状态。实行泵站智能化管理技术改造是必然趋势,大批泵站将迎来专业化、规范化改造,届时远程数据监控、安全防范将成为每个泵站的标准化配置。

(二)高校校园泵站安全管理系统建设的具体内容

1. 监控中心系统

监控中心部署有监控平台的服务端及客户端,可管理高校泵站的所有设备,接收由泵站上报的设备和环境信息,满足监控中心值班人员现场视频、环境及设备工况信息管理的需求。

维护中心部署有监控平台的客户端,满足维护中心值班人员现场视频、环境及设备工况信息查看、设备遥控的需求。

系统操作人员可以通过操作人员客户端和手机监控管理客户端实现远程管理和调度,可实现诸如实时监控、录像查询、地图布控、报警联动等

相应功能。

## 2.视频监控子系统

视频监控系统采用全网络传输、数字化存储,主要由前端摄像机设备、视频存储设备、相关应用软件以及其他传输、辅助类设备组成。

部署智能摄像机可以对高校泵站内的运行情况做可视化监控,机房泵站管理人员通过室内球形摄像机和一体化枪型摄像机,实现全景监控和机组指示灯颜色的识别和监控。通过中心监控平台的预置规则,两者间可实现智能联动,并辅以可视化复核。

视频监控系统具备全面的智能侦测分析功能,可以有效提升视频监控系统的投资效果,降低监控人员工作量,支持的智能侦测手段如下:①越界侦测;②区域入侵侦测;③进入/离开区域侦测;④徘徊侦测;⑤人员聚集侦测;⑥快速运动侦测;⑦物品遗留/拿取侦测。

各个监控点位针对其环境和场景的需求设置,在泵站室进口区域布设安装 200 万像素,1 台红外一体化网络枪型摄像机,对室内区域过道布设安装 200 万像素红外一体化网络枪型摄像机,合计 2 台;水池区域对角分别布设安装 200 万像素红外一体化网络球形摄像机各 1 台,两个水池区域合计 4 台。

## 3.人脸抓拍子系统

在高校校园泵站的重点场所或者主要通道设置人脸抓拍系统,可以有效地采集经过的人脸对象信息,通过人脸检测算法、人脸跟踪算法、人脸质量评分算法以及人脸识别算法,可以帮助高校快速地进行人脸检索、定位与布控,找出高校人员的活动轨迹,识别出嫌疑人员,为高校校园泵站的安保管理打造出智慧的数据采集、信息识别手段。在高校校园泵站室内水泵机组核心区域可以设置安装人脸抓拍机,两个区域合计 4 台。

人脸抓拍系统主要由抓拍机、人脸实时报警服务器、管理平台等设备组成。人脸抓拍机主要部署在各个抓拍位置,需要严格按照指定位置进行安装。人脸抓拍机内置智能分析算法,实现对进出人员的人脸进行自动捕获、跟踪、抓拍的功能。同时具备人脸区域自动曝光功能,以实现各个抓拍位置逆光环境下也能捕捉到较为清晰的人脸抓拍。人脸实时报警服务器可对人脸抓拍机传送过来的人脸照片进行建模。同时实时和黑名单数据库的人员进行比对,如发现异常,则及时报警并向管理员推送异常信息。支持抓拍人脸图片的查询和检索功能。管理平台为 Web 客户端,实现黑名单报警信息管理及抓拍图片的检索。

### 4. 微信门禁管理子系统

在安全预案中,门禁管理系统对于高校校园泵站附近特殊区域的出入控制及通道管理显得尤为重要。门禁管理系统可以有效地控制每个人员可通过的通道和进出的场所,并有效地进行安全区域隔离管控。高校校园泵站安全管理系统从校园泵站的实际应用出发,建立一套方便、实用的微信智能门禁管控系统。门禁控制系统通过读卡器辨识,只有经过授权的人才能通过受控的区域门组。读卡器能读出卡上的信息并传送到微信门禁控制器,如果允许出入,微信门禁控制器中的继电器将操作电子锁开门。

该系统由感应卡、感应读卡器、门组、微信门禁控制器组成,微信门禁主要工作模式如下:①门禁扫二维码开门模式。通过门禁设备扫描手机上的二维码,这种方式一般称为二维码开门。②手机扫二维码开门模式。通过手机微信扫描门禁设备上的二维码开门,这种方式一般称为微信扫码开门。

### 5. 周界报警子系统

周界报警系统采用网络报警主机,通过 485 通信线作为总线与前端脉冲电子围栏主机通信,接入平台统一管理。平台可通过网络报警主机实现对各个脉冲主机的远程管理。可以实现远程状态查询、设备布撤防、脉冲大小调节等功能。同时,可以实现手机 App 访问及短信推送。根据高校校园信息化建设的整体水平,可以将电子围栏系统无缝接入综合管理平台。

在泵站室外水池围墙区域,四面分别设置 4 个防区,能够对各种入侵事件及时识别响应,主动防御,以防非法入侵。

## (三)高校校园泵站安全管理系统的建设目标

### 1.智能化系统集成

平台架构按照多层网络结构进行设计,能够对泵站设备监控、安全视频监控系统,周界报警系统、抓拍系统、门禁控制系统进行统一管理。在高校管理中心通过综合管理平台进行统一监控管理,包括警情处理、数据报表分析、远程管理、集中存储等任务。

### 2.全方位联动管理

安全监控系统中不仅提供前端作业区实时视频浏览,还可实现与异常入侵报警联动等多种操作,同时可将报警信息上传到网络管理中心,也可以由网络管理中心进行远程指导或者操作排除险情,做到事故及时处理。

### 3.现代化决策管理

通过前端泵站视频监控,可以实时观测泵站内设备以及涵闸的运行情况,为领导决策提供了直观的图像信息,同时可以改善观测、测量工作人员的工作环境,减少工作人员,真正体现泵站的现代化管理、智能化操作。

### 4.灵活简便的操作方式

采用网络视频,系统授权用户可以直接在电脑上利用图形化界面软件对各设备进行操作,进行各种控制和处理,友好的图形化软件界面使得对视频监控系统的各项操作更加简单易行,也可以在计算机网络内进行操作管理。

### 5.大容量、分布式的存储结构,管理查询检索方便

用户可以按照时间、视频源、告警联动视频源等条件检索录像资料;或者自定义条件检索录像资料。采用数字化录像可以做到"所看即所录",回放清晰度和实时调看时完全一样,录像资料的可利用性非常高,而

且可以直接利用各种图像处理软件对图像进行加工、转存和处理。

### 6.易于和其他系统集成

数字化后的图像可以直接在电脑上操作和管理,通过软件接口可以很方便地和其他相应系统对接集成。

## 二、高校校园泵站安全管理系统案例分析

### (一)水利技师学院水文化生态校园建设实践——以山东水利技师学院为例

近年来,山东水利技师学院以校园内萌源河为中心,致力于打造人水和谐自然的生态校园形象,开发利用校区内萌源河,创建了水利工程专业实体教学基地,发挥出了校园河域生态优势,致力于打造水文化生态校园,丰富校园文化,取得了显著效果。

### 1.打造专业教学实体基地,突出水利特色

(1)开发利用校园得天独厚的河域自然生态环境

校园良好的生态环境离不开水,一所学校打造绿色校园、生态校园、山水校园、景观校园、文化校园,都是在水的基础上建造其理水亲水特色。山东水利技师学院作为山东省水利厅下设的一所高技能人才培养院校,创建于1958年,2007年从淄博市张店区搬迁至淄川新校区,校园内有一条横贯东西的河流,北依萌山,是孝妇河的一个支脉,西入文昌湖,故命名为萌源河。其河道宽阔,校区内绵长近两公里,河水潺缓,苇草丛生,具有原生态湿地状貌。近年来,为保护校园环境,学院在保留萌源河原生态的基础上进行改造,拓宽河道,修建桥梁,发挥水利工程专业优势,设计创建了校园水利专业实体教学基地和水文化教育基地。

(2)设桥建坝堰渠槽泵房,打造专业实体教学基地

作为水利专业特色学院,山东水利技师学院借助校园流经河道得天独厚的地理条件,在河道上设立水利工程专业技术实体教学基地,用一条河把水利工程的多种实体设施囊括进来。根据河势就势设坝,截流蓄洪,

由学院水利工程专业教师进行考察设计,先后建设了 4 座挡水坝、3 座桥、2 个泵房和三角量水堰、浆砌石水渠、小渡槽各 1 处,4 座挡水坝自上而下呈阶梯状排列,依次是混凝土重力坝、迷宫堰土石坝、三连单曲拱坝和浆砌石重力坝,4 座坝把水流分成 5 段,河水呈东高西低流势,水坝储水丰富,成为实体水工教学支撑建筑。2019 年 8 月台风"利奇马"经过山东,萌源河的 4 座水坝发挥了泄洪溢流的功能,稳健地疏导水势,为师生上了一堂水利工程直观课。用一条河把专业特色发挥出来,把校园的生态和文化打造出来,是学院创设的新思路。

(3)建设泵站技术训练中心,开拓人才培养渠道

为更好地发挥生态与专业的融合,学院通过调研论证在萌源河以南的园丁林地建设新水利工程项目——泵站技术训练中心,在萌源河上游建设泵站实习基地。引黄济青工程四级泵站(寿光宋庄、昌邑王耨、平度亭口、胶州棘洪滩)在改扩建中替换下来的旧设备,包括卧式混流泵、立工导叶混流泵、液压全调节立式轴流泵等多种类机组。在学校建设泵站实训中心,一方面可以发挥教学功能,增加萌源河实体水利工程教学实训的技术含量和功能,为省内引黄济青、胶东调水和南水北调等大型水利工程泵站输送大量水泵安装维护及泵站运行监测人员等专业人才,为行业发展担当履责。另一方面,学院将泵站训练中心建设成景观式泵站,打造成一处水文化风景秀丽之地,不仅用于教学实训,同样可以用于参观、休闲娱乐,成为水文化生态校园建设的一部分。

2.打造水文化教育基地,构建生态校园

(1)依托河域自然环境,生态与文化共建

学院将萌源河两岸绵长近 2km 的河岸,打造成水文化教育基地,传播水文化源远流长的历史。萌源河的两岸自然景观秀丽,3 座造型不同的白色大理石桥,同济桥、陶然桥和观澜桥,将河道分隔成多段,每段根据不同的形状和流式,以水的不同样式命名,赋予雅意深蕴,分别为青荷塘、龙津潭、芙蓉浦、一鉴池和涵月湾。河两岸花草树木繁茂、风光旖旎,有牡

丹园、月季园、石园、论水先贤亭、羲和台、望舒台、陶然台、双鱼广场和地图广场等景观成为休闲娱乐的重要场地。由于生态良好,河中常年水鸡、野鸭寄居,灰鹭、白鹭悠游,一派天趣,生机盎然。在这样优美的环境中,无论是学习、工作还是生活,都令人身心舒爽惬意。

(2)发挥水利专业优势,集合水利文化景观

学院利用萌源河天然的水道环境,结合学院水利工程专业特色,集中开发和建设以萌源河为中心的水文化主题教育基地。作为水利行业的一所特色专业学院,培养水利人才,打造水利专业和传播水文化是学院的本职。学院有责任和义务在专业优势的基础上向社会普及水文化,把专业与社会服务结合起来,使其成为具有社会影响力的一个专业级水文化教育基地,向社会普及水情、水务、水利知识,把与学校密切相关的水,做成一个动态的文化作品,呈现给社会。不仅用于行业培训参观,还可用于大中小学水文化知识普及,全面系统地展示水文化特色,增强爱国、爱水意识。以水的品格和水利精神感染激发参观者,达到文化的渗透和潜移默化的作用。在萌源河两岸及周边规划建设一条独特的水文化长河,也是水利长河,系统全面地展现水文化的历史与现状。水文化基地与萌源河北岸拟建的山东省水文化博物馆相呼应,水文化博物馆是学院一项重大项目,可以作为水文化历史图文解读之地,与萌源河实体景观相呼应,一个围拢空间,一个开放空间,相呼应相补充,全面呈现水文化和水利文化。以文化长廊的形式,在两岸建立水知识图文宣传栏、标示牌、说明牌。以雕刻的方式,造景设景,石雕或木刻形式,诗词名句刻录;以浮雕方式,展现故事和人物主要表现场景;以圆雕形式宣传主要人物和事件。以实体模拟(模型缩小)方式,建立大型水坝,在原有水坝的基础上继续开发,把国家重点大坝模型引入如三峡大坝和都江堰等);以电子屏的方式在两岸播放水文化资料或音画,真实生动,视听并行。利用展板和石刻,将《水赋》《水院赋》刻石不朽。宣传栏上萌源河简介、世界水系、中国水系图片、山东和淄博水资源简介。在发挥传统功能的基础上,成为集人文性、观赏

性、休闲性于一体的靓丽文化景点,成为水文化的物质精品。学院水文化建设,同时可以衍生出丰富的水文化产品。进一步以水文化为主题,开发、生产文学、艺术、影视、科普、纪念品等文化产品,形成新的水文化产业,带动学院的整体发展。

## (二)建设智慧校园,格兰富一体化智慧泵房解决百年高校供水——以黄冈师范学院为例

湖北省黄冈市地处楚头吴尾,是通江达海的人文重镇与全国宜居城市,拥有 750 万人口。黄冈市第一高等学府黄冈师范学院就坐落在此,是一所学科门类和专业设置均较齐全的湖北省多科性普通全日制本科高校。学校由南区、北区、西区三个校区组成,目前北校区共有 9 栋教学楼,16 栋宿舍楼,约 8000 名师生。

### 1.黄师供水系统现状

随着该高校发展和建设的加快,供水范围不断扩大,教职工和在校学生对水质、水量、水压的要求也日益提高。而在黄冈师范学院北校区,每天早晚的用水高峰期水压最低时只能达到 2 公斤,影响了近 1/3 的师生用水。

据黄冈师范学院基础建设与后勤保障处科长金志刚介绍,北区供水主要依赖于自来水公司市政管网的自然压力,在用水高峰高峰期只能达到 4 楼左右的高度。每年 9、10 月份新学期开学,学生宿舍、教学楼、办公楼等建筑 4 楼以上停水情况比较严重,高层几乎就没有水用,学生只能错峰或者拿着桶到低层来提水,十分不便。这主要是由于管网已经使用了 15 年左右,存在一定的老化,而且设计之初并没有考虑到现在的师生规模下集中用水的需求。

### 2.便捷智能的解决方案

在综合评估校方需求和当地环境后,格兰富向客户推荐了全新的数字一体化智慧泵房解决方案。对比传统地下混凝土泵站和移动板房式泵站,数字一体化智慧泵房具有占地小、安装便捷、智能化管理等优势。整

套设备在工厂完成预制,现场安装一天即可通水,最大程度实现不间断供水改造。秉持着以师生为中心的理念,黄冈师范学院于 2019 年启动管网改造工程,对管道、泵房和一系列配套设施进行升级换代,改善因规模扩大产生的供水挑战,保障北校区师生的正常用水需求。除了占地更小、更紧凑以外,格兰富数字一体化智慧泵房也更卫生和便于管理。该校南校区使用的是传统供水泵房,每一年该校都要安排有检测资质的公司进行检查。而现在这套系统可以实现远程管理和无人值守,给该校的校园泵房工作带来了很大的便利,同时供水安全性和稳定性也得到了保障。

校区中的泵房距离学生宿舍仅 100 米左右,但离开三米以上的距离就几乎听不到运行声响,因此也不必担心本班的噪音会影响学生晚间休息。这个泵房可以说噪音非常小,而且很好地融入了周围的校园环境,看起来比较协调和美观。

### 3. 节能稳定,高效供水

黄冈师范学院北校区的新泵房于 2019 年 10 月正式启用,承担着北区 14 栋学生宿舍、3 栋教学楼、1 栋办公楼、图书馆和食堂的日常供水,目前在持续稳定地运行中。这既是格兰富在国内交付的首个一体化智慧泵房项目,也是湖北省内首个高度集成的一体化智慧泵房。

黄冈师范学院基础建设与后勤保障处处长卢年桥说:"改造完成时正值新生开学军训阶段,且天气炎热,用水量大,格兰富一体化智慧泵房及时安装启用,有效解决了水量水压不足的问题,高层用水问题也得到了彻底解决,师生随时随地都有水可用。"黄冈师范学院的学生对此体验最为深刻:"我的宿舍在六楼,之前晚上打球回来后水压就特别不稳定,还会经常断水。现在不仅水压稳定,而且水量变大了很多,水质也变好了,我们再也不用跑下楼接水了。"

除了实现稳定供水,一体化智慧泵房的节能效果也十分突出。该项目将恒压变频的供水模式更改为叠压设备,借助市政管管网压力降低泵站能耗,在运行过程中理论测算节能 45% 以上。

# 第四章 高校资产与物业管理

## 第一节 高校资产管理

### 一、高校资产管理的定位及特点

(一)高校资产的内涵和特点

高校资产的内涵和特点可以总结如下。

**1.高校资产的内涵**

(1)教育资源

高校资产包括教育资源,如教室、实验室、图书馆、教材、课程内容等,这些资源用于提供教育和培训服务。

(2)研究设施

高校通常拥有研究设施,包括实验室、研究中心、科研设备等,用于推动科学研究和创新活动。

(3)人才资本

高校的师资队伍和学生群体被视为资产的一部分,因为他们是知识的创造者和传播者,对高校的声誉和质量起着关键作用。

(4)财务资产

高校通常拥有一定数量的财务资产,如投资、捐赠、固定资产等,这些资产可以用于支持教育和研究活动。

**2.高校资产的特点**

(1)社会使命

高校资产的主要特点之一是其社会使命。高校不仅仅是为了经济利益存在,更是为了履行社会使命,即提供高质量的教育、促进研究和知识创新,以推动社会进步。

(2)长期性质

高校资产通常具有长期性,因为教育和研究活动需要时间来取得成果,而高校的影响力和价值也是长期积累的结果。

(3)社会资本

高校资产被视为国家和社会的资本,因为它们为国家培养人才、推动科研发展、促进文化传承等方面作出了贡献。

(4)知识创造和传播

高校资产的核心特点之一是知识的创造和传播,高校通过教育和研究活动不断产生新知识,同时将这些知识传授给学生和社会。

(5)可持续性

高校需要管理和维护其资产,以确保它们的可持续性,以继续为教育和研究提供支持。

## (二)高校国有资产管理的定位和特点

高校国有资产管理的定位和特点分为以下几个方面

### 1.高校国有资产管理的定位

支持教育和研究使命:高校国有资产管理的首要定位是支持高校的教育和研究使命,这包括提供适宜的校园环境、设施和资源,以确保学校能够有效地开展教育和研究活动。

(1)合规性和法规遵循

国有资产管理需要遵守国家和地方政府的法规和政策,确保资产的合法性和合规性,这包括资产的购置、使用、维护和处置等方面。

(2)财务可行性

国有资产管理需要确保高校的资产在财务上可行,包括资源的合理分配、成本控制、维护和更新等,以确保资产的可持续性。

(3)安全和可持续性

管理国有资产需要确保资产的安全性,包括建筑物的结构安全、设备的正常运行,同时还需要采取可持续性措施,如能源管理、环境保护,以减少资源浪费。

（4）服务支持

国有资产管理的定位还包括提供支持性服务,如后勤、维护、清洁、食堂管理等,以确保学校正常运营。

## 2.高校国有资产管理的特点

（1）政府监管

高校国有资产管理受到政府的监管和规范,因为这些资产属于公共领域,需要遵循相关法律法规和政策。

（2）复杂性

高校通常拥有大规模的国有资产,包括校园基础设施、教学设备、图书馆资源等,管理涉及多个领域和部门,具有一定的复杂性。

（3）财务管理

国有资产管理需要有效的财务管理,包括预算编制、成本控制、资源分配等,以确保资产的经济可行性和可持续性。

（4）服务性质

管理国有资产的任务主要是提供服务,以支持高校的教育和研究活动,这包括清洁、食堂管理、设备维护等服务性质的工作。

（5）技术和信息化

现代高校国有资产管理通常依赖于信息技术,包括资产管理系统、设备监控、能源管理等,以提高效率和可视化管理。

（6）维护和更新

国有资产需要不断的维护和更新,以确保其正常运行和长期可持续性,这包括定期检查、维修、翻新和设施更新等。

# 二、高校资产管理的重要意义

## （一）适应政策法规变化

高等教育领域的政策法规经常发生变化,包括招生政策、财政支持政策、教育教学改革政策等。高校需要及时调整自己的管理模式和教育策略，以确保遵守法规，不断适应政策环境的变化。

### (二)提高教育质量

高等教育体制改革通常倡导提高教育质量和教学效果。高校需要不断改进教育教学方法，引入创新教育模式，以满足学生的需求，并确保他们获得高质量的教育。

### (三)推动教育创新

高校需要积极参与教育改革和创新，包括在线教育、跨学科研究、实践教育等方面的创新。这有助于满足不断变化的社会需求和科技进步的要求。

### (四)适应多元化招生需求

高校需要适应多元化的招生需求，包括国际生源、职业培训需求、继续教育等。这意味着高校需要灵活调整课程设置和教学方法。

### (五)管理和治理改革

高校的管理和治理结构也需要不断改革，以提高决策效率、资源配置合理性和管理透明度。这有助于更好地应对各种挑战和机遇。

### (六)应对人才需求

高等教育体制改革通常与培养高素质人才密切相关。高校需要根据社会和产业的需求，调整专业设置，培养具备实际技能和综合素质的毕业生。

### (七)提升国际竞争力

随着全球化的发展，高校需要提升国际竞争力，吸引国际学生和教师，积极参与国际合作与交流。

### (八)自身可持续发展

高校需要关注自身的可持续发展，包括财务可行性、资源管理、校园基础设施等方面的规划和改进，以确保长期发展和稳健运营。

总之，高等教育机构需要灵活适应高等教育体制改革和社会需求的变化，不断提高教育质量、推动教育创新、提升管理效率，并确保自身可持续发展。这些措施有助于高校更好地满足学生和社会的需求,提高自身在竞争激烈的高等教育领域中的地位。

## 三、高校资产管理的发展对策

### (一)转变观念,提高认识

加强高校国有资产管理,有赖于高校的高度重视、有关部门的密切配合和广大师生员工的大力支持。要摒弃传统的计划经济观念,树立国有资产保值增值的市场经济意识,充分认识国有资产管理的重要性,为进一步开展工作打下坚实的基础。管理是一门科学,管理能够产生效益,加强资产管理是提高办学效益的有效途径。无论是学校领导还是教职员工,首先要转变思想观念,增强资产管理的意识,充分认识资产管理的重要性。学校资产管理水平的高低不仅影响办学效益,而且关系到资产的安全与增值保值。学校要加强对资产管理部门的领导,强化相应的管理职能,建立健全资产动态管理监控系统,尤其要加强对学校房地产、大型仪器、公用设备和经营性资产的管理。要优化教育资源配置,提高资产的使用率,使学校资产更好地为教学、科研服务。

### (二)健全高校资产管理机构,完善高校资产管理制度和运行机制

新形势下高校国有资产的管理必须与高校的改革同步进行,这就必须建立一个强有力的管理机构,使高校国有资产管理纳入规范化、法治化的轨道。高校的资产管理机构受托对高校的资产进行管理,依据有关的政策,负责制定并组织实施本单位的国有资产管理办法,办理资产的调拨、转让、转性、报废等手续,并经常督促有关部门有效使用资产,努力做到节约高效。从长远发展来看,只有根据资产的属性与特点,有针对性地采取不同的管理模式,使高校的国有资产处于全方位、全过程的控制之下,才会更有利于高校的健康发展。

高校应按财政及国有资产管理部门颁布的有关法规,研究制定出适合本校情况的固定资产管理制度和实施细则,并注意与校内基本职能部

门管理制度之间的衔接与协调,使每项制度具有可操作性,执行权可落实到人,做到责任和权利相统一。要根据国家颁发的《事业单位财务管理规则》《高等学校财务制度》等有关法规,分别制定流动资产、固定资产、无形资产、对外投资管理办法;相应建立两个职责范围,一是校级资产管理机构的职责范围,二是部门资产管理职责范围。要建立四个管理制度,一是验收制度。高校必须对所占有的资产的存量、分布增减及变动情况进行核定和登记,按照实物形态进行分类编号,建立账卡,摸清家底,并随时在账上反映资产的变动情况,对新增的固定资产实行严格的验收制度。通过验收,明确采购、保管人的责任;二是保管制度。包括实物保管和有关资料保管,重要的仪器设备验收后要明确保管人及保管责任,使实物及相关资料保全;三是赔偿制度。对使用国有资产者明确相应的管理责任,保护国有资产的完整无损,对损坏或丢失国有资产者视情节轻重,按一定的比例进行赔偿;四是报告制度。高校的国有资产存量经常变动,建立必要的报告制度,定期报送统计报表,有利于领导掌握本校资产总量和构成,也有利于国有资产管理部门掌握信息。

为保证各项制度得到切实执行,高校还应结合实际情况建立起便于实行和考核的固定资产管理责任制和监督机制。责任制应明确规定各级管理人员的具体职责及因工作失职造成损失应当承担的行政及经济责任,重点落实岗位责任。监督机制则重在监督检查各项管理制度的执行情况,资产管理部门应在健全内部管理制度的基础上,定期检查和考核各岗位管理责任落实情况和资产管理情况,发现情况及时纠正,制度建设应坚持以人为本的原则,注意调动各级工作人员的积极性。检查与考核应与政策激励相结合,不断增强工作人员的责任感和服务创新意识,使其在做好基础性管理工作的同时,能注意资产的优化配置,不断提高资产利用率,发挥资产的社会效益和经济效益,进而提高资产管理整体水平。

(三)加强高校资产档案建设

为加强高校国有资产管理,维护资产的安全和完整,提高资产使用效益,保证高校履行职责和促进各项事业的发展,在高校建立资产档案与管理工作,是高校的一项重要任务。

## 1.整章建制,做好资产档案的收集整理

资产档案的收集整理是指资产管理部门对高校流动资产、固定资产、无形资产和长短期投资进行管理的过程中所产生的各类文件进行全面收集,并按照一定的原则和方法,进行分类、编目、登记和加工整理过程。要做好资产档案的归档工作,资产管理部门应建立、健全资产文件的形成、积累、整理和归档制度,正确划分归档范围,这是保证资产档案的完整和质量的关键。一般说,凡是反映资产的使用、处置、评估等活动、具有保存价值的资产文件都应当归档。分类是资产档案整理工作的核心内容。科学地分类是保证整理质量和科学编目的基础。分类的步骤可分两步进行:第一步,对全部资产档案按种类划分大类。第二步,对每种资产档案进行分类。学校资产档案中有两大类档案应特别引起重视。一是仪器设备资产档案;二是基建档案。仪器设备要逐台建立技术档案,要有使用、维修等记录。仪器设备档案有两种情况:一种是在自制仪器设备的设计、研制过程中形成的材料;另一种是外购设备的资料,包括采购论证报告、购货合同、装箱单、使用说明书、安装验收报告及设备管理办法和规定应归档的其他资料。基本建设类档案,是在各种基本工程的规划、设计、施工和使用、维修活动中形成的档案。它包括基建工程规划、设计的文件资料,基建工程施工中的文件资料和基建工程竣工的文件资料。

## 2.加强编研,搞好资产档案信息的开发利用

资产档案的开发,其主要任务是寻找和获得较为集中系统或有特定价值的资产档案信息。具体来讲,就是在遵循资产档案信息收集基本准则的前提下,针对高校发展趋势和用户的需求特点,鉴别、筛选、加工整序、编纂成用户需要的信息资料,以满足用户的需求。

## 3.切实做好高校资产的产权登记、资产评估及产权界定工作

在学校管理工作中不仅要注重资产管理,还要重视资产的产权关系。因此,高校要加大资产管理的力度,必须理顺产权关系,进行实物量和价值量的综合管理。由主管领导协调财务、科研、总务和产业各有关部门的

工作。要把实物纳入资产设备部门统一管理,资产的评估和设备的使用、折旧、报废必须经过学校财务部门,使财务部门能够更好地发挥协调与监督作用,有效防止国有资产的流失。具体说来:

一是产权登记。国有资产产权登记是由国有资产管理部门代表政府,依法确认单位产权归属关系的行为。高校作为事业单位法人,已按国家的安排和要求每年进行产权登记。此项工作的基础,就是要求各高校进行全校性的资产清查核算,摸清家底,清理各类资产,对产权不清的,按规定手续给予确认。

二是资产评估。是指由专门机构和人员,依据国家的有关规定,根据特定目的,遵循适用的原则和标准,按规定的程序,运用科学的方法,对资产进行评定和估价的过程。高校的资产评估对象主要是无形资产和部分固定资产,由于各种原因没有计价入账管理,有必要进行评定,确定其价值。这是一项政策性较强、工作量较大的工作,且涉及校内的单位较多,所以,必须成立专门的清查机构,统揽和协调清查过程中的各种关系,保障清产核资工作的顺利进行。要搞好后勤项目普查,着重测算近三年应用于后勤各项目的全部费用,以及新体制下完成同样任务所需要的成本费用、管理费用、合理利税等费用。项目普查是制定后勤体制改革方案、政策,以及项目规范重要的基础性工作。要建立后勤项目规范,其内容可包括名称、内容、标准、费用和控制方法等。后勤项目规范根据急事急办、不断完善的原则逐步健全,并在实践中修订完善。要制定后勤项目管理办法。内容可包括项目立项、费用核算、建立规范、项目发派和监督控制等。同时,学校国有资产管理处和后勤部门每两年对资产进行一次抽查或清理,对学校国有资产使用状况进行评估,并写出书面报告。必要时可聘请专业机构(如房地产评估机构、会计师事务所),对学校的国有资产作出评估或审核,以确保国有资产的真实价值。对资产评估必须依照有关法规认真进行,有效理顺产权关系,防止国有资产流失。

三是产权界定。所谓产权是指财产所有权和与财产所有权相关的经营权、使用权。产权界定是指国家(授权国家资产管理的部门)依法划分财产所有权和经营权、使用权等,明确各类产权主体行使权利的财产范围及管理权限的一种法律行为。高校应根据"谁投资、谁所有、谁受益"的原则,实事求是地做好产权界定工作。

### (四)重视高校无形资产管理

在加强对有形资产管理的同时,必须十分重视对知识产权、专利权等无形资产的管理。将无形资产知识普及教育纳入高校精神文明建设中去,在高校教职员工中广泛开展无形资产知识的宣传、教育,将与无形资产有关的法律法规作为高校普法教育的重要内容,以树立保护学校无形资产与有形资产同等重要、同等价值的观念和意识。无形资产是高校资产的重要组成部分。作为高校资产管理中的新课题,无形资产的管理近年来越来越受到高校的重视。高校的无形资产是指高校拥有的、不具有实物形态而能为高校提供某种权利的资产,包括专利权、商标权、著作权、土地使用权、非专利权技术、商誉以及其他财产权利。作为以培养人才和出科研成果为主要任务的场所,高校拥有的无形资产以专利权、著作权、非专利技术三类居多,其他无形资产在现阶段并不是常见。

# 第二节　高校物业管理

高校物业管理是一个集管理、经营、服务为一体的系统工程。尽管其发展历史不长,但对高校后勤管理工作已起到了巨大的推动作用,必须高度重视。

## 一、高校物业管理的定位及特点

### (一)高校物业管理的定位

所谓"物业"是指单元性的房产,可以包括住宅单位、工厂楼宇以及农庄等。这意味着物业可以大可小,大型物业也可以分割成小单位。从物业管理的角度来看,物业包括建成并投入使用的各种建筑物以及与之相关的设备、设施和场地。相关设备、设施和场地通常是为建筑物的使用者提供服务的,包括室内外各类设备、市政公用设施以及与建筑物相邻的场地、庭院和干道等。高校物业则指的是高校内的各类建筑,如教工住宅、学生公寓、办公楼、教学楼和科研实验楼,以及它们相关的附属建筑、设备、道路和场地。

物业管理是指由专门的机构和人员,依据合同或契约,对各类房屋、建筑物以及相关的设施和场地进行经营性管理。同时,物业管理还包括对房屋周围环境的卫生、安全、公共绿地和道路养护等方面的专业管理,旨在为业主、住户、用户以及客户提供全方位的公共性服务。物业管理的内容通常可以分为三类。

## 1.常规性的公共服务

这些服务旨在维护业主的正常生活秩序和美化生活环境,是最基本的服务内容。包括管理住房建筑主体、维护和更新住房设备、设施和管道、管理共用面积的卫生、绿化管理、治安管理、消防管理、车辆道路管理,以及代办公共事务,如代缴水电费、煤气费、有线电视费和电话费等。

## 2.针对性的专项服务

这些服务主要满足业主日常生活需求,包括家政服务、食品代购、室内装修、车船票代售、保险代办、自行车和车辆的保养和维修等。

## 3.委托性特约服务

这些服务是根据个别业主的委托需求提供的,作为对针对性专项服务的补充和定制化服务。

物业管理的实施有助于提升建筑物的价值,改善居住环境,并确保住户和业主获得高质量的服务体验。这在各种不同类型的房地产项目中都具有重要作用,特别是在高校和社区等多层建筑中。

高校物业管理是指专门的管理部门或机构,根据学校和师生的委托,在后勤集团的领导下,依照国家相关法律法规、管理标准以及合同契约,运用现代管理科学和先进技术,以经济手段对物业进行统一的专业化管理。其目标是为学校或师生提供全方位、多层次的综合服务,同时促进各方之间的沟通与交流,以建立和谐、健康、向上的人文环境,推动学校整体进步。高校物业管理主要分为三大类,包括教工生活区的物业管理、学生生活区的物业管理和教学区的物业管理。

总之,高校物业管理的定位是秉承以人为本的服务理念,依托现代管理模式和方法,坚持"三服务、两育人"的核心宗旨,不断提供师生员工优质、高效、全方位的服务。其目标是全面营造文明向上、环境优美、舒适、服务周到、经营有序的良好校园环境,以满足学生和教师的需求和期望。

## (二)高校物业管理的特点

高校物业管理可分为职工住宅物业、学生公寓和办公物业三个主要板块,每个板块采用不同的管理模式。高校作为特殊业主,与社会小区的居民业主有明显不同。高校的首要任务是教育教学,是培养人才和教育人的机构,是法人单位,而社会小区的业主是松散的共同体,不具备法人地位。因此,高校在委托或招聘物业管理公司进行物业管理时,有不同的需求和服务标准。这种特殊业主身份使高校物业管理具有独特的特点。

### 1.高校物业管理的最高目标是提供优质服务

在高校后勤工作中,不断提供优质服务、保持优良作风和创建优美环境,以满足师生员工的需求和期望,一直是永恒的主题。物业管理作为后勤社会改革的重要组成部分,必须坚守以"三优一满意"为最高目标的原则,将服务工作置于高校物业管理的核心位置,这也是与社会物业管理公司的区别所在。

### 2.高校物业管理具有育人功能

高校物业管理通过改善校园环境不断促进学校的育人工作。从教育学的角度来看,校园环境是一种隐性课程,通过校园环境,学生可以获得历史和现实的文化信息,积累更多的生活经验,形成人文精神构架,从而实现育人目标。具体来说,物业管理具有以下功能:一是"育身"功能,通过改善校园环境,保持空气清新,有助于学生的身体健康;二是"育心"功能,通过提供宜人的校园环境,有助于培养学生积极乐观、开朗豁达的心理素质;三是"育美"功能,通过美化校园环境,有助于培养学生的审美情趣和审美教育;四是"育德"功能,通过规范的管理和服务,有助于培养学生良好的道德品质。

## 二、高校物业管理的重要意义

国家在高校推行后勤社会化改革,主要在于提高后勤服务质量和管理水平,改善师生的学习、工作、生活环境,逐步从学校办后勤改为社会进校或规范剥离的实体来办后勤。

### (一)能延长物业使用年限、确保其功能的正常发挥及保值增值

优质的物业管理具有多方面的重要作用。首先,它可以延长物业的使用年限,确保物业功能正常发挥并保值增值。新建的房产物业在建成后受到自然环境和人为因素的影响,容易发生损坏和破坏。通过维修和管理,可以保持物业的良好状态,延长其使用寿命,提高其价值。

其次,物业管理对于保障住户的生活质量和工作环境至关重要。正常的物业管理可以确保住户和工作人员不受到各种问题的干扰,如电梯故障、供水中断、漏水等。这有助于创造一个安全、舒适和高效的生活和工作环境。

最重要的是,优质的物业管理可以提高整个学校的声誉和吸引力。学校的物业状况往往会影响学生和员工的选择,而好的物业管理可以增加学校的吸引力,吸引更多的学生和人才。此外,物业管理还可以提高学校的社会效益,为学校带来更多的社会认可和支持。

因此,物业管理不仅是确保物业正常运行和保值增值的关键,还是提高学校声誉和吸引力的重要手段。通过不断改进和加强物业管理,可以实现物业的长期可持续发展,为学校的发展作出积极贡献。

### (二)能为师生创造一个安全、舒适、文明、和谐的生活与工作环境

物业管理的双重任务包括管理和服务两个方面。管理工作主要涉及产业管理、租赁、租金、物资设备等方面,以确保物业的良好管理和维护。

同时,物业管理也需要及时记录房产变动和使用情况,以便及时修复和保持物业功能。这些管理方面的工作需要经常性地进行。

服务方面则主要关注满足用户的需求,提供及时的日常服务。这包括定期检修上下水管道、暖气管道、水管的防冻保暖,更换纱窗、检修门锁、修换灯口、电线和开关等。此外,还需要保证供暖、供水、供电、供气等设施的正常运行以及电梯的安全运行。服务中还包括设备的点交、登记、保管责任的明确以及向用户提供设备使用常识的宣传。

物业管理和服务的目标不仅是维护物业和设备的良好状态,延长其使用寿命,还包括为居住和工作在物业中的人们创造安全、舒适、文明和和谐的生活与工作环境,这有助于提高学习和工作的效率,调适人际关系,营造和谐的社区文化和校园文化氛围。物业管理在教职工住宅小区中具有重要作用,不仅需要负责社会治安和住宅安全,还要为住户提供良好的生活服务,创造和谐舒适的住宅环境。

研究表明,良好的物业管理和环境可以减少烦恼、焦虑、矛盾、摩擦等问题,促进社会和谐与稳定,有助于人们的身心健康,对于社会的稳定和经济的增长具有重要意义。因此,物业管理不仅是保护物业资产的重要工作,还关系到社会和个人的福祉。

## (三)能推动高校后勤人事制度改革,提高后勤管理的社会化和专业化程度

提高高校后勤管理的社会化和专业化程度是一项重要的改革任务。物业管理的实施引入了竞争机制和聘用制度,激发了员工的积极性和创造性,从而推动了高校后勤管理体制的改革。这种改革不仅有助于提高工作效率,还培养了职工的奋斗精神,为后勤人事制度改革创造了有利条件。

此外,物业管理将分散的社会分工整合到一个统一的管理机构下,例如清洁、门禁、环境绿化、水电等,都可以由专业的公司承包和管理。这样一来,使用者只需与一个管理公司打交道,便能够处理所有与房屋和住宅环境有关的事务,而不必分别面对各个不同的部门。这种整合和专业化

的管理方式提高了管理效率,方便了用户,也降低了高校的管理成本,从而提高了后勤管理的社会化和专业化程度。

总之,物业管理的实施为高校后勤管理体制改革提供了有益的经验和思路。通过引入竞争机制、聘用制度以及整合和专业化的管理方式,可以推动高校后勤管理更加社会化和专业化,提高管理效率,为高校的可持续发展和提升综合竞争力提供有力支持。

## 三、高校物业管理的发展模式

高校物业管理的发展现状可以总结为多种模式并存,不同高校在管理体制、运行模式、服务范围、服务职能等方面存在差异。以下是一些高校物业管理的主要模式和特点。

### (一)一体化的全校性物业管理模式

一些高校将房产、卫生绿化、办公楼宇、住宅小区、保安等各个项目整合起来,形成了一体化的全校性物业管理模式。这种模式将原行政管理职能分离出来,创建了独立的法人资格的物业管理实体,负责全校范围内的标准化物业管理。这种模式的目标是提供高水平的物业管理服务,经过规范管理和综合协调,取得了显著的成效。

### (二)部分准物业化管理模式

一些高校采用部分准物业化管理,通常针对住宅楼或小区。这种模式主要针对新建的住宅楼,实行清扫、保安等准物业管理,或对旧楼群进行封闭管理。物业管理费用较低,带有福利性质,通常按照社会上最低的标准收费并给予优惠,难以承担高标准的物业管理要求。这种模式在高校中比较普遍。

### (三)引进社会物业公司的标准化管理模式

一些高校引进专业的社会物业管理公司,主要用于对办公楼宇进行规范的物业管理。这种模式包括专业的保洁、保安、机电维护队伍,旨在提供干净、整洁、安全的办公环境。

总体而言,高校物业管理在不同高校间呈现出多样化的模式,每种模式都有其优点。物业管理的发展现状表明高校非常重视后勤工作,正在努力提高物业管理的质量和效率,以满足师生的需求,创造更好的校园环境。

## 四、高校物业管理的发展对策

高校物业管理在我国的发展时间还不长,因而,提高我国高校的物业管理水平,还需要从以下几方面做进一步的努力。

### (一)转变思想观念,理顺各种关系

高校物业管理的成功需要进行思想观念的转变,同时要理顺各种关系,以下是相关建议:

首先,高校领导层应转变观念,将物业管理视为高校发展的一部分,而非包袱。他们应以实事求是的态度,为物业管理中心提供支持和引导,鼓励其发展壮大,同时也要充分考虑物业管理中心的需求和合理利益,使其更好地为高校的整体发展贡献力量。

其次,物业管理人员需要改变传统的固定工资观念,理解个人利益与企业效益的关联,并积极提升自身素质和服务技能。管理部门领导应对他们提供关心和引导,鼓励他们参与培训和学习,以更好地适应物业管理的要求,提供高质量的服务。

再次,住户(业主)的观念也需要发生变化,从福利性住房和无偿服务转向商品住房和有偿服务的理念。这需要通过宣传教育,让住户明白物业管理的成本和必要性,以及合理支付管理费用的重要性。

此外,要加强各方之间的关系管理,处理好职工与职工、职工与住户、物业管理中心与学校之间的关系。积极促进职工和住户的参与和合作,通过沟通和交流,建立积极的互动关系,提高物业管理的效率和水平。

最后,加强物业管理的宣传工作,提高业主对物业管理的认知和理解。建立业主委员会,开展公开透明的管理工作,提高管理费用的使用透明度,建立监督机制,增强管理的可信度和公信力。通过各种渠道和媒介,加强宣传,扩大影响力,营造积极的社会文化氛围。

## (二)加强经营管理,改进管理体制

加强经营管理和改进管理体制对于高校物业管理的发展至关重要,以下是相关建议:

首先,要鼓励业务量大的项目采用职工带资进入、持股经营的方式;对管理难度大的项目可以实行风险抵押责任经营;对成本核算困难的经营项目可以采取经济指标承包经营;对经营面积小的项目可以采取个人或小组承包,并将单位或项目的经营服务收入与个人收入挂钩。这种多元化的经营管理方式有助于提高经济效益和服务质量。

其次,要实施"标准化和规范化"战略,确保物业管理的各项功能得到健全发展。物业管理的八项功能应得到充分强化,管理职能要集中,不应分散在校内其他部门。这需要对管理体制进行进一步的理顺和调整,确保物业管理工作的高效运行。

另外,要将属地管理和行业管理有机地结合起来,实现业主自治管理与物业公司专业化管理的有效结合。同时,物业管理企业应充分遵守相关法律法规,特别是《物业管理条例》的要求,以保障居民的合法权益,提高物业管理的社会效益、环境效益和经济效益,推动高校物业管理向社会化、企业化、专业化和标准化方向发展。

总之,加强经营管理和改进管理体制是高校物业管理发展的必然要求,通过不断探索和完善管理模式和机制,可以提高物业管理的服务质量,实现经济效益和社会效益的双赢。

## (三)实施质量管理,推行 ISO9001 质量管理体系

实施质量标准管理和认证对于高校物业管理的提升确实有诸多好处,包括以下几点。

### 1.过程受控化

导入 ISO9001 国际质量标准,可以帮助管理部门实施有计划、有步骤、有系统的质量管理,确保物业管理的各个环节处于受控状态,提高了管理的可预测性和稳定性。

### 2. 工作标准化

通过认证,物业管理工作可以以文件和记录的形式来规范化和标准化,有助于建立一系列规范表格和制度,促使各岗位的员工进行日记和周记记录,从而规范了管理,提高了服务水平,为上级检查和年终考核提供了明确的依据。

### 3. 目标明确化

通过导入目标管理模式,可以将物业管理的各项工作按照组织层次、环节和岗位进行目标设定,分解到各部门和班组,使各级目标清晰明确,追求组织效益的最大化,确保整体目标的实现。

### 4. 员工高素质化

员工素质的提高对于提供高质量服务至关重要。通过实行统一服装、服务卡制度、维修承诺制、回访制等方式,可以规范员工的行为,提高他们的素质。此外,培训和教育也是关键,通过培训,员工能够不断提升自身的专业水平和服务技能。

### 5. 质量持续改进化

ISO9001质量管理体系强调持续改进,这有助于管理者和员工形成追求卓越的文化。不仅要定期对服务差距进行汇总和改进,还要保持对新问题的警觉,及时改进,使管理不断完善,这有助于提高总体的业绩。

总的来说,引入ISO9001质量管理体系可以帮助高校物业管理部门建立更高的服务标准,明确服务要求,规范管理流程,提高员工素质,推动管理水平的不断提升,最终实现提高经济效益和社会效益的目标。这对于提升高校物业管理的品质和竞争力是非常有益的。

## (四)引入竞争机制,打造专业品牌

提高高校物业管理服务质量的关键之一是引入竞争机制,这可以通过以下方式实现。

### 1. 引入社会专业物业管理公司

学校可以考虑与专业物业管理公司合作或引入外部公司来管理一部分物业,借鉴其先进的管理模式和经验。这有助于打破学校物业管理的垄断局面,引入竞争,促使物业管理部门提高服务质量。

### 2.推行物业管理招投标

学校可以通过公开、公平、公正的招投标程序,选择合适的物业管理服务提供商。这种方式可以鼓励不同的服务提供商参与竞争,以提供最佳的服务。

### 3.塑造物业管理品牌

学校物业管理企业应积极参与市场竞争,逐步建立自己的服务品牌。这需要提高管理和服务质量,并不断扩大服务领域,如房屋中介、家居服务、网络服务等,以满足不同层次、多方面的需求。

引入竞争机制有助于激发高校物业管理部门的竞争力和创新能力,推动其不断改进和提高服务质量,最终实现物业管理的专业化、标准化和品牌化,从而更好地满足师生和员工的需求。这将有助于提升高校的整体形象和竞争力。

## (五)扩大物管规模,增强造血能力

高校物业管理企业在提高服务质量的同时,需要不断扩大规模,增强其造血能力。以下是实现这一目标的建议。

### 1.跨院校或校企联合

可以考虑与其他高校或企业进行合作,建立跨院校或校企联合的物业管理公司,这有助于整合资源,提高规模,降低成本,增强竞争力。

### 2.规模化运营

通过增加物业管理范围,包括扩大服务领域、管理更多的物业项目,来扩大企业规模。这有助于实现规模效益,降低管理成本,提高盈利能力。

### 3.品牌化发展

建立自己的物业管理品牌,提高知名度和信誉度,吸引更多的客户和项目。品牌化有助于企业吸引更多的业务机会,增强竞争力。

### 4.多领域服务

拓展服务领域,包括房地产中介、家居服务、商务服务等,以满足不同客户的需求。多领域服务可以增加企业的收入来源,提高盈利水平。

### 5.现代经营管理

制定现代经营管理策略,提高管理效率,降低成本,优化资源配置,确保企业的可持续发展。

通过扩大规模和增强造血能力,高校物业管理企业可以更好地应对市场竞争,提高经济效益和社会效益,为学校和师生提供更优质的物业管理服务。

### (六)加强队伍建设,改善人力资源结构

采取现代企业通行的竞聘上岗制,一级聘一级,择优录取,增强员工的市场意识,激活用人制度,人尽其才,才尽其用,实行"定额、定编、定岗、定责、定待遇",建立合理的人力资源结构;此外,应根据企业发展的需要及时招聘大批懂专业、会经营、善管理的现代企业需要的物业管理人才,建立一支动态稳定的高素质队伍,千方百计吸引大批人才加入高校物业管理队伍中来。许多高校目前已开始了这方面的工作,把本科、硕士、博士等专业人才引进了高校后勤,为高校物业管理提供了有益的经验。

### (七)加强数字化建设,提升管理水平和工作效率

随着科技的进步,物业管理越来越呈现数字化特点。如数字化教室实验室的管理、空调的维护与保管、水箱的清洗与保洁、弱电的维护、智能化监控系统的使用与管理、多媒体教室的维护、电梯的使用与维护等,都需要有专门的技术人员,物业管理中的技术含量越来越高。有的高校物管企业设立了专门的 BBS 社区论坛;有的物管企业信息网络化、数字化,教育手段计算机化;有的物管企业有高水平的"学生社区信息管理系统",系统中有学生多方面的个人信息和入住情况信息,学生凭 IC 卡进出学生公寓(例如陕西师大),极大地方便了学工部门和物业管理部门,有效地提高了公寓管理效率,降低了管理成本,提高了管理水平和工作效率。

### (八)完善法律法规,加强法制化、制度化建设进程

高校的物业管理企业目前处于发展期,相关组织和相关人员的法律意识亟须加强,需要通过法制建设来强化。业主和物业使用人的利益需要得到法律的明确保护,同时也需要法律规范他们的行为。物业管理企

业自身行为需要在法律框架内运作,并通过法律手段保护其合法权益,明确各服务对象的法律责任和法律关系。因此,高校物业管理迫切需要加强法制建设,特别是在新的《物业管理条例》颁布后,需要制定符合高校实际情况的《高校物业管理条例》。

此外,各高校还应根据当地政府的政策法规要求,结合自身情况,研究制定关于产权、基础设施建设和管理、费用收取等方面的制度,以及关于队伍建设的制度。高校物业管理还应研究如何借鉴国外先进物业管理经验,使其与国际标准接轨。同时,需要制定和完善高校物业管理的内部管理规定和制度,以确保管理有章可循,工作规范有序。这将有助于高校物业管理在新的起点上高标准地发展。

## (九)提升人文品位,营造良好文化貌围

高校物业管理作为新兴领域,与社会物业管理相比,不仅具备一般性的管理职能,还具有其特殊性。作为高校工作的一部分,高校物业管理肩负着"管理育人、服务育人"的使命。其特殊环境和文化底蕴,决定了其必须与高校的"教育育人"大目标相协调。因此,高校物业管理应强调"服务育人"的管理理念,明确"服务是生存的基础,效益是发展的动力"的经营思路,树立"服务、严谨、亲和、友善"的良好形象,通过提供高质量的服务来提升高校物业管理的科学内涵和人文品位,塑造高校物业管理具有文化特色的工作氛围。

此外,物业管理具有显著的社会属性和社会功能,具备相应的社会目标。政府应该创造必要的条件,支持高校物业管理的健康发展,并承担相应的社会职能。高校物业管理作为新兴行业,需要政府和学校提供政策扶持。在土地使用、规费减免、财政金融信贷、税收减免政策等方面,各级政府部门应提供政策上的支持和优惠。

高校物业管理既是高校管理的一部分,也是反映高校管理水平的重要窗口。因此,高校物业管理工作应紧密围绕高校育人的核心工作和高校建设、发展的需求,满足业主、业主委员会、物业管理部门和学校的基本需求。以管理为手段,以服务为核心,不断提升理论水平和实际管理水平。力求把握高校物业管理工作的规律性,充分反映时代性,以便探索出一条适合高校物业管理的新发展道路。

# 第五章　高校学生公寓与饮食管理

## 第一节　高校学生公寓管理及服务

高校学生公寓是学生集中居住、生活与学习的重要场所,公寓管理也涉及很多方面,包括日常生活的管理,人身安全和财产安全等多方面的管理,但终究都可以归结为对"人"和"物"两方面的管理。一方面,高校后勤社会化后,管理的"人"在不断变化。随着高校近年来的扩招,学生数量剧增,学生本身更具个性化,而后勤服务人员的流动量也更加频繁,这些都使学生公寓管理压力加大。另一方面,"物"的不断完善。高校后勤社会化的持续深化,造成学生公寓的数量、规模已经大大超过以往。同时,公寓内部的设备及设施也在不断更新完善,从而使得公寓管理面临新的难题。高校公寓管理服务是一项复杂而长远的系统工程,不管是"管人"还是"管物"都离不开人和信息化的手段,对"管人"和"管物"的人和信息化有什么样的要求也是今后高校学生公寓管理研究关注的重中之重,鉴于此,本书重点从"管人"和"管物"的人和所采用的信息化手段这两方来论述。

### 一、公寓管理与服务概述

#### (一)公寓管理与服务的定位和演变

##### 1.确保学生安全

在推进高校后勤社会化改革过程中,对学生公寓的管理,特别是对公寓内学生的思想教育、日常行为管理和安全管理要始终作为高校教育和管理的一项主要职责,不能有丝毫忽视和松懈,不能推向社会,不能留下教育和管理工作的空白点。学生公寓安全工作关系学生的人身和财产安全。各类学生公寓都要按照国家和当地人民政府有关部门的规定,制定完善的安全保卫制度。对学生公寓的住宿、用电、用水、饮食、防火、防盗等方面的安全工作要明确责任,明确机构,加强管理和监督。高等学校和物业管理部门要积极配合公安部门做好学生公寓周边环境的治安管理工作。要落实责任追究制,杜绝一切可能诱发事端的苗头和隐患,防止各类安全事故和治安案件的发生。学校和物业管理部门在学生公寓安全管理工作中要明确职责。各高校要做到组织健全、机构落实、责任明确、人员到位。学生的思想教育与日常行为管理主要由高校负责,学生公寓安全设施的安装及维护主要由物业管理部门负责。物业管理部门要设立安全保卫机构,成立专职队伍,切实担负起管理范围内的安全保卫工作。本着对学生人身和财产安全负责的态度,改善学生公寓的服务和管理,要把公寓安全保卫工作作为工作重点,特别是严格日常管理,努力做到值班门卫到位、巡逻执勤到位、检查整改到位、制度落实到位。由几所高校共同使用的学生公寓,应由各高校分别派人组成领导小组统筹管理,协调学校、业主、物业管理等部门之间的关系,通过明确的制度规定,落实安全责任。各高校、物业管理部门都要重视学生公寓矛盾纠纷的排查和调处工作,要把握后勤社会化条件下学校矛盾纠纷的新特点,抓住苗头,加强预测、预防、化解工作。要积极配合公安部门做好学生公寓周边环境的治安管理工作,经常互通信息,认真分析、排查影响学校稳定的不安全因素,发现问题,及时解决。

## 2. 与时俱进提供更人性化的服务

高校公寓管理中心一定要按照"以人为本"的管理思想,与时俱进提供更人性化的服务,以贴心细心的服务推动高校后勤服务工作的人性化发展。人性化管理是当前高校学生公寓管理的趋势。学生公寓管理部门要切实做好管理工作,最重要的是转变观念,以"一切为了学生,为了学生的一切,为一切的学生"为工作的出发点,了解新时期大学生的心理和行为特点,一切从关爱学生出发,遵循教育规律和青年学生身心发展规律,掌握各时段(开学、考试、放假、节日)学生的思想动态,贴近学生的生活,进行换位思考,急学生之所急,想学生之所想,为学生提供及时、周到、满意的服务。"以人为本"绝不能仅仅停留在口号上,针对严重制约公寓管理部门服务好学生的"尴尬",要解决管理员"进宿舍难",首先要解决的是公寓管理一线员工对学生的感情问题,要让同学对公寓管理一线员工有认同感就必须改进以往的为"管"而管的管理理念,在宿舍管理中面对朝气蓬勃的大学生,如何走近学生做学生的贴心人,如何在高校后勤公寓管理这个领域中做好服务育人,如何在学校后勤社会化,市场化的形势下确立学生公寓管理的市场? 这是管理人员(管理者和一线员工)和服务者的一个必须破解的重要课题。把学生看成自己的晚辈,用公寓管理一线员工的爱心、诚心、耐心、宽容心感染学生。

　　与时俱进提供更人性化的服务就是要在公寓管理中树立起"用心服务,用情工作,用法管理"的管理理念,把管理和服务工作做好,而不是仅仅是做对。"用心服务,用情工作,用法管理"的内涵的本身就充分地体现了管理上的"人性化"。学生公寓管理中,公寓管理一线员工只有将"用心服务"和"用情工作"及"用法管理"结合起来才能让远离父母的学生对宿管人员产生可以信赖和可以亲近的感觉,才能真正地体现公寓管理工作的人性化,才能破解后勤宿舍管理部门做好"育人"工作的难题。用心服务看似简单的一句话,其实要真正做到,却也不容易。用心就是要用脑,就是要在服务的过程中尽可能地为学生所想,就是要在服务的细节中下功夫,只有这样才能在服务中创造感动,才能拉近与学生的感情距离。"用情工作"的实质就是在服务中要求管理人员对学生,对服务工作要有"感情",在工作中对学生的要求能报以"热情"。如何"用情工作",没有对学生的关爱之情是难以感动学生的,尤其是对管理人员产生误解的学生,如果不是用真情去工作是很难想象会有好结果的。构建和谐的学生公寓必须"用法管理";依法管理的前提是立法,公寓管理中心管理的依据就是各种管理的规章制度,而人性化是各种故障制度建立的指导思想,各种管理制度建立的指导思想则成了区别是否是"以人为本"还是"以管为本"的关键气过去,管理人员(管理者和一线员工)建立规章制度的主要指导思想是如何管人,现在,管理人员(管理者和一线员工)建立规章制度的指导思想则主要要求管理人员(管理者和一线员工)如何做好服务工作,方便服务对象。

### (二)公寓管理与服务的主体和责任

#### 1. 以学生为本,强化服务思想,全面推进"三结合"管理

当前,按照全面提高学生素质教育要求和"管理育人,服务育人,环境育人"的宗旨,建立"学生辅导员进公寓参与管理,学生自我管理和社会化物业管理"三结合的学生公寓管理模式,在学工部、公寓办和学生辅导员统一组织下,通过三方协调配合和相互沟通,形成强化学生公寓管理的合力。

学生辅导员积极参与管理。学生辅导员要树立把工作做到学生宿舍的管理思想,经常深入所带年级(班级)学生所住宿的每幢(层、室)学生公寓。学生辅导员及时了解和掌握学生思想和行为动态,有针对性地做好学生思想政治工作和行为指导工作;和所在楼的物业管理人员保持紧密联系,帮助解决学生生活中的实际问题;在宿舍区内开展各项健康有益的文化体育活动和党、团组织活动及文明寝室活动、心理健康咨询等,实地了解和体会学生的生活困难情况,更好地落实帮困助学工作。

学生自我管理。充分发挥学生在公寓管理中的主体作用,发挥参与管理的学生和有关学生代表的社会工作积极性。公寓办组建公寓楼学生民主监督机构,及时反映学生的合理建议和要求,并监督本楼各项制度的执行,如高校成立的"学生护家员"队伍,主要负责收集学生对于宿舍工作的意见与建议,向学生宣传公寓管理的服务理念等。物业部门设置一定比例的工作岗位,为贫困学生提供勤工助学的机会。通过从事管理和服务工作等勤工助学方式,提高学生遵纪守法的自觉性,培养学生自我教育、自我管理、自我服务、自我约束能力,把学生参与宿舍自我管理作为进行法制教育、行为规范和品德教育等素质教育的重要渠道。

社会化物业管理。配合高校后勤社会化改革,学生公寓要结合社会

化物业管理模式进行管理。学生公寓的物业管理部门承担着"管理育人，服务育人"的责任和"保安、保洁、保修、保绿"的任务，其主要职责是为入住学生提供优质高效服务，以规范合理的管理来保证学校各项工作顺利进行。物业部门要在总务处领导下，结合公寓管理实际，做好学生公寓的物业管理工作。

### 2.优化管理程序，提高管理水平，强化主体责任

公寓管理程序上的优化主要需在公寓管理的法治化和民主化上做文章。法制化的目的主要是为了明确公寓管理部门与每个住校学生之间的权利及义务问题，具体做法如建立各种公寓管理的规章制度、与每个住校学生签订住宿协议等等。这样，管理上就有一个明确的方向，有助于提高自己的管理水平。随着学生法制意识、权利意识的增强以及对知识、情感、信息、文化和精神生活表现出的强烈欲望，决定了他们需要有更高层次的服务内容和服务设施来满足。如何来满足他们、他们到底需要的是什么样的服务？解决这个问题就需要我们用民主化的管理。民主化管理就是在学生公寓楼内通过选拔优秀学生干部，组成自发性的群众组织——公寓学生管理委员会，赋予他们从事公寓管理一定的权利和义务，让他们参与各种公约及规章制度的制定和修改，具体负责公寓文化建设的设计、开展和实施等工作。这样的一个来源于广大同学、最了解公寓的真实情况的组织，他们在工作上最具代表性、最贴近学生的生活，在"自我管理、自我教育、自我服务"的三自体系中，充分唤起广大学生的自律意识，真正达到管理的主客体统一。这样的一个统一使得物业公司公寓管理部门能够更加明确自己的服务方向，为广大学生提供更为优质的服务，赢得同学的满意，进而达到育人的目的。

优化管理程序，提高管理水平，强化主体责任是高校公寓管理义不容辞的责任。高校公寓管理部门应该主动出击联系物业公司做好相关工作，并选拔优秀教师特别是优秀年轻教师进驻学生公寓担任公寓思政辅导员，与学生同吃、同住、同学习，负责具体做好学生的日常思想品德、行为规范、法律法规以及爱国主义、集体主义、社会主义教育，负责了解学生

公寓里学生的思政情况,并在第一时间联系管理部门做出相应处理或汇报给学校处理。此外,对进驻学生公寓的思政辅导员要建立并强化激励机制,高校公寓管理部门应对思政辅导员在学生公寓的工作表现进行考核,以更好地推进公寓思政工作的开展与强化。思政教育虽不是高校公寓管理的主要工作任务,但公寓里学生思想政治情况的好坏将直接影响学生公寓管理工作,所以,高校公寓管理部门要积极配合学校做好相关工作的同时也应积极想方设法加强与学校、与学生的交流与沟通。

## 二、加强公寓人力资源管理

### (一)做好岗位设置与分析,发挥制度的效力
#### 1.优化高校公寓管理岗位,提升服务学生能力

加强公寓人力资源管理,做好岗位设置与分析,人员配置是在组织设计的基础上进行的。人员需要量的确定主要以岗位设计出的职务数量和类型为依据。基于"人员——职位(务)搭配"的工作标准化劳动分工,学生公寓管理队伍人员可以分为公寓组织管理人员和一线管理服务人员,前者主要承担维护学生公寓"系统的运行"以及保证学生公寓管理队伍"稳定性、效率和生产力"的管理人员,后者主要是从事学生公寓日常管理、安全保卫等工作的一线生产作业人员。按此标准,结合各高校学生公寓模式实际情况,学生公寓管理队伍的组织架构一般是"中心——校区/片区——楼栋——值班——保洁/保安"等人员配备体系。为彻底改变这种消极懈怠状况,高校要对学生公寓部门构成、岗位设置、权责关系进行重新设计,对各项管理流程和业务流程以及公寓内部协调与控制程序进行重新梳理,初步建立学生公寓管理直线职能制结构。

优化高校公寓管理岗位,提升服务学生能力,对学生公寓楼进行整合,根据校区分布和住宿学生人数进行责任分区,设置责任区主管,这是学生公寓部的主体,相当于现代企业的生产车间。接受学生公寓部部长领导,对其负责,并接受办公室、质量督查、生活指导等职能部门的业务指导和监督。质量督查组。其主要职责是对学生公寓管理服务质量进行监

督检查,是相对专业化的监督管理队伍,相当于现代企业的质监部。接受学生公寓部部长领导,向其报告工作、对其负责,并及时将在督察巡查过程中发现的问题通报给各责任区主管,对各公寓责任区进行业务指导、评比考核和督促整改。生活指导组。其主要职责是对学生宿舍内务卫生和住宿安全进行监督检查,其职能定位与质量督查组相同。其不同之处,质量督查组督查范围为学生公寓的公共区域管理服务质量,行为相对人为学生公寓工作人员;生活指导组督查范围为学生宿舍内务卫生和住宿安全,行为相对人为住宿学生。维修组(队)。维修组(队)既是学生公寓部小型维修工作的主管部门,也是开展小型维修业务的实际操作者,保障学生公寓水电暖的正常供应和各类家具的正常使用,相当于现代企业的工程部。接受学生公寓部部长领导,独立开展小型维修业务、跟踪监督学生公寓部委托社会企业开展的维修工程。行政办公室。行政办公室是学生公寓综合事务管理部门,负责人事、财务和采购等行政综合事务,配合部长统筹协调各个组成部门,负责各类数据统计汇总分析,为学生公寓部部长提供决策依据和咨询参考,是学生公寓部的神经中枢和交通枢纽。

学生公寓管理直线职能的岗位设置将传统的直线制结构调整为直线职能制结构,进而向直线职能参谋制结构过渡。特别是对传统作业流程的重新设计和科学安排,更为有效、合理地把内部各个班组成员组织起来,为实现共同目标和需要履行、承担的责任而协同努力,提升服务学生能力,这既保证了组织的集中统一指挥,又能发挥专业人员的才能、智慧和积极性,使专业化管理有了很大程度的提高,从而有助于提高组织的管理效率;同时,高级管理者的负担也有所减轻,使他们摆脱了大量日常性事务、程序性工作,腾出更多的时间和精力思考和布局全局性的战略问题。

2.合理设计薪酬体系,调动公寓管理人员的工作积极性

按照按劳分配的原则建立科学合理的薪酬分配体系,使高校公寓管理人员的薪酬严格与劳动量挂钩,充分调动了公寓管理人员的工作积极性。按照"人定岗、岗定责、责定分、分计酬"的分配办法,参照社会先进同

行业的标准确定了各类人员应承担的劳动工作量,并根据每人承担的工作量和工作的性质确定相应的待遇。此外,还推行奖励工资,每月根据员工完成工作质量的好坏进行奖罚,引导高校公寓管理人员在服务上向高标准看齐。建立现代企业的用人机制,在用人上打破常规,在人才引进上拓宽渠道,加大力度,吸引大专以上学历的人员加盟公寓管理,对内树立"唯才是举,量才是用,不拘一格选用人才"的用人机制,在内部营造"能者上、平者让、庸者下",干部能上能下,人才能够脱颖而出的良好氛围。合理设计薪酬体系,导入精细化管理体系,使各项工作都有法可依,有章可循,学生和公寓管理方的责、权、利界定明确,员工按制度办事、按程序工作已形成规范。建立行之有效的监督约束机制,有效推进工作,确保制度的落实到位,公寓管理按照后勤工作要"严、细、实、勤"的要求,制定了各项工作检查、评比制度,成立工作检查小组,通过多种形式,对公寓各个岗位每天都进行严格的检查。通过检查,掌握各岗位的工作状态,查找到存在的问题,使各岗位员工的各项工作全过程和工作质量时刻处在可控制状态之中,对检查中发现的问题进行及时的督促整改,并且根据检查记录,依据《员工奖惩管理规定》对员工进行考核和奖惩。通过上述做法进一步提高了员工的工作自觉性和积极性,增强了员工爱岗敬业的意识,培养了脚踏实地的工作作风,确保了公寓管理各项工作的落实到位。

薪酬是涉及员工切身利益的敏感问题,稍有不慎就会带来意想不到的后果。为了确保薪酬改革的成功,公寓管理在设计薪酬制度时要组织有关部门进行大量调研,对各单位薪酬制度、薪酬水平和存在的问题进行摸底,在科学论证的基础上,有针对性地统筹设计薪酬制度。这既能体现公平原则,又能更好地激励公寓管理人员为高校后勤服务作贡献。要树立业绩导向,打破"干好干坏一个样"的大锅饭现象,以薪酬制度设计为切入点,通过严格绩效考核、竞聘上岗等措施,强调以业绩论英雄,在内部树立鲜明的业绩导向。构建良性互动的公寓管理薪酬体系,在劳动效率持续提升的前提下,关注公寓管理人员的职业生涯发展和薪酬福利改善,注重内部公平性和外部竞争性,把握好效率与公平的平衡,着力打造高效、可持续发展的薪酬激励体系。本着"效率优先、注重公平"的原则,体现保障职能和激励职能。体现保障职能主要包括基本工资、津补贴和保险福利,体现激励职能为专项奖励和效益工资,通过合理设计薪酬体系,调动公寓管理人员的工作积极性。

### 3. 完善绩效考核,促进高校公寓管理工作良性发展

完善绩效考核,促进高校公寓管理工作良性发展就要加大对一线工作人员的考核。对照学生公寓一线普通工作人员岗位职责任务、工作规范、质量标准(实体法)对其执行劳动纪律情况、工作规范情况、工作绩效情况进行现场指导和量化考核。此外,质量督查员作为学生公寓专门的质量工作人员,可随机对上述人员工作情况进行监督检查,对巡查中发现的问题进行详细记录,要求直接责任人签字确认,并及时向所在责任区主管进行通报,要求其督促相关人员限期整改,要对监督检查人员进行考核。在学生公寓,专司监督检查工作人员因为其所有工作都被数十双眼睛从背后盯着,这数十双眼睛就是来自基层一线的普通职工。如果学生公寓每月公布的服务质量动态排名稍有不公正、不公平,马上就会招致这些有着切身利益关系的普通一线职工的投诉。质量督查员还要在周例会上通报监督检查情况以及各公寓楼存在的问题,所以说,学生公寓做出的每一项监督检查结论以及奖惩意见都需要有充足的支撑材料。在完善监督机制的同时,建立有效的激励机制。对岗位职责实行目标管理,将一线工作人员的表现和思想政治教育进公寓的成效作为年度考核的指标,加大奖惩力度,使思想政治工作进公寓在制度上形成常抓不懈、常抓常新的长效工作体系。

完善绩效考核,要体现绩效优先的原则。大多数高校学生公寓管理目前采用较多的是岗位工资和绩效工资相结合的制度。学生公寓工作考评的主要作用为反馈工作、人员任用、报酬管理和员工表彰等提供客观依据,制定了不同岗位的绩效考核办法,在公寓管理服务中发挥了积极的作用。首先,应建立甲方、后勤内部、服务对象三位一体的考评机制;其次,要根据学生公寓不同的岗位目标进行考评,既看个人的主观努力,也看客

观环境的影响。考核办法要做到简洁、量化、突出重点而全面。根据岗位工作要求制定公寓管理服务不同岗位的考核办法,如长效管理检查考核办法、员工月度工作考核办法、保洁服务质量考核办法、绩效工资考核发放办法、员工违纪处理办法、管理服务标准考核等,增强服务意识,提高业务素质,规范服务行为。要使薪酬制度有效实施,必须营造公平公正氛围。在操作过程中,坚持按程序办事,建立一套公平、公正的机制。考核是对现实工作作出适时和全面的评价,特别是质量督查与日常管理的有机结合和相互融合,便于查找工作中的薄弱环节,便于发现与现实要求的差距,便于把握下一步工作的重点和未来努力的方向,从而使学生公寓管理服务质量得以不断改善和提升。

## (二)注重培训与竞聘,发挥绩效和考核的作用

### 1. 积极开展管理培训

人的素质和能力不是自然形成的,第一,有计划的加强业务培训,加强系统的管理基础理论学习和基本训练以及学生公寓管理的各项规章制度,明确工作的职责范围和岗位责任,掌握服务的要求和标准、服务程序和规范、服务的职业道德,了解高校规律、学生公寓管理规律、大学生心理特征、安全知识、水电管理知识、应急事宜处置程序等等,增强业务工作能力,提高科学管理水平。加强管理员的管理知识和业务技能培训。第二,采取"请进来""走出去"等方式实施灵活多样的培训形式。"请进来"即请相关领域专家以及富有经验的管理员,对校内的管理服务队伍集中授课培训。"走出去"即送优秀员工去接受学历教育或者是去外地取经,通过与外界的交流,获取新鲜的知识,还可以由有经验的管理员通过传、帮、带的形式提高管理水平。第三,加强管理员文化知识培训。学生公寓管理工作看起来是一项简单劳动,但要做好这项工作并不容易。灵活的工作方法、落实制度的监控能力、引入计算机进行公寓管理、高效率的公寓管理服务工作、健康向上的精神文明和文化建设,都要求管理服务人员要具有一定的文化知识。因此,应该鼓励管理员积极进修,以提高学生公寓管理服务队伍的文化水平和改变学生公寓管理队伍的知识结构,增强管理

实效,创新管理方法和手段。

### 2.有效开展职业素质培训

高校公寓管理工作的实质和核心就是为教学和科研服务,服务工作是公寓管理的核心工作。公寓管理最重要的职能是服务职能,做好服务工作是公寓管理人员的第一任务。有效开展职业素质培训,使公寓管理人员树立正确的人生观、价值观和道德观。树立服务观念,坚持以人为本,想师生之所想、急师生之所急,服务于师生,把自己当作服务者,把广大师生当作服务对象,竭力为广大师生服务。在服务中管理,在管理中服务,做到岗在人在,人不离岗,自觉履行岗位职责,无论是上级领导指派的任务,还是学生交付的工作都要认真负责,尽可能地快速办理,不拖拉,不推诿。公寓管理工作质量的好坏与管理水平的高低关键在于公寓管理人员的素质。提高其综合素质是提高高校教学质量、学术水平和办学效益的重要保障。业务能力素质是高校公寓管理人员的基本素质,是顺利完成岗位工作任务的根本保证。高校公寓管理人员要不断提升自己的思想政治水平、文化知识水平和心理素质,按照事情轻重缓急,有条不紊地处理好各种纷繁复杂的公寓管理事务。要加强政治思想培训,主要解决为谁服务的问题。通过政治理论学习,树立"三服务三育人"的思想,培养高尚的职业道德,热爱本职工作,热心为学生服务。要提升业务培训,主要解决怎样优质、高效服务的问题。通过学习管理科学知识与各项规章制度等,明确岗位职责,规范操作程序,提高科学管理水平。强化文化培训,对文化水平较低的职工做出安排,补好文化课,挑选优秀职工送出去进修,提高学生公寓管理队伍的文化水平,改变学生公寓管理队伍的知识结构。

### 3.有效落实竞聘上岗制度

竞聘上岗是选贤任能的有效手段。实行竞聘上岗,英雄不问出处,阳光下操作,公开、公平、公正,拓宽了选人用人的渠道,为政治素质、管理能力和专业技能都比较强的人才提供了自我展示的平台。高校公寓管理采用竞聘上岗制度是将领导赞同与学生公认结合起来,把个人意愿和组织考察结合起来,可以开阔视野,在更大的范围发现人才;可以好中选优,提高选拔人才的质量;还可以优化结构,提高高校公寓管理队伍的整体素质;可以人尽其才,使优秀人才在更合适的岗位发挥更明显的作用。

高校公寓管理落实竞聘上岗制度就要坚持以提高服务质量和保障能力为核心,按照"市场化运营、企业化管理"的基本原则,推进体制机制不断改革,理顺高校后勤与学校的权益关系,使后勤服务成为一个真正的实体。对条件成熟的后勤下属经营性实体进行公司制改造,建立"产权明晰、权责明确、事企分开、管理科学"的现代企业制度。在国家新一轮事业单位劳动人事制度改革的大背景下,在学校人事部门的指导下,按照社会化、企业化的要求,推行全员聘任制和劳动合同制。完善干部竞争上岗,职工竞聘上岗,外聘员工择优上岗的用人机制;形成更加有效的激励与奖罚机制。实行竞聘上岗就是要引入竞争机制,使员工经常用"有为才有位"来提醒、警示自己,努力再努力,进取再进取,与一流对标,向先进看齐,以真正形成千帆竞发、你追我赶、生机勃勃、干事创业的生动局面。高校公寓管理落实竞聘上岗制度有利于解决内部能上能下的问题。流水不腐,户枢不蠹。实行竞聘上岗就是要逐步建立一个干部既能上,也能下的机制,把整个公寓管理队伍激活。它的导向是:能者上,平者让,庸者下。高校公寓管理落实竞聘上岗制度给人的昭示是:"能下"将同"能上"一样成为一种常态。

## (三)加强沟通与协作,发挥工会与团队的优势

### 1.加强制度建设,促进民主管理

规章制度的制定和落实是搞好学生公寓管理的基础,"没有规矩,不成方圆",没有制度就没有管理,制度是管理的标尺。根据教育部学生教育管理的有关规定,结合学校的实际,编制《学生公寓管理服务手册》,主要包括《学生住宿管理规定》《学生宿舍考核细则》《学生宿舍卫生检查标准》《大学生公寓管理服务中心工作条例》《大学生公寓管理服务中心考核办法》《大学生公寓管理工作人员评价体系》等。这些制度既有对学生的要求,也有对公寓管理人员的规章;既有工作内容的规范,又有操作流程

和方法,充分调动了工作人员和学生参与宿舍管理的积极性和主动性,使学生宿舍成为学生工作的一线阵地。要按照"市场化运营、企业化管理"的基本原则,推进体制机制不断改革,理顺后勤与学校的权益关系,使后勤服务集团成为一个真正的实体。对条件成熟的后勤下属经营性实体进行公司制改造,建立"产权明晰、权责明确、事企分开、管理科学"的现代企业制度。

加强制度建设,促进民主管理,充分体现"严在当严处,爱在细微中"学校公寓管理的宗旨。实行辅导员进公寓登记和入住学生公寓制度,使公寓管理教育服务工作与学生思想政治工作紧密结合起来;发挥好公寓管理中心主任、管理区长、楼长、层长、舍长、宿舍成员在各自职责范围内的作用,形成严格有效的公寓管理工作组织指挥链;发挥学生自我管理的能动作用,学生楼管会、"宿舍文明监督队"各司其职,检查学生在公寓楼内的安全隐患和不文明行为。在学生公寓中,实行半军事化管理,对公寓内的安全隐患实行日巡和月检制度;严格的门卫管理、长期坚持出早操、晚间宿舍定时熄灯、晚归登记通报、每天的宿舍卫生检查、限定条件的校外住宿规定、宿舍中违纪批评与学生处分在公寓公告栏中的公布、宿舍工作责任制与责任追究制等做法,交织出学校公寓严格管理网络的程序化和严密化,为学校良好校风和学风的形成奠定坚实的基础。学校要制定实施《辅导员入驻学生宿舍制度》《辅导员值班制度》《学生工作干部谈心制度》《辅导员考核制度》等,要求学生工作干部每天进学生公寓,辅导员入驻学生公寓,在各学院公寓楼设立专用辅导员工作室和辅导员值班室、谈心室,确保上班时间有学生工作干部在公寓楼内上班,下班时间有辅导员在公寓楼内值班。根据不同时期的形势需要,坚持学生工作干部"重点时间加内容,重点区域加人员"的上班或值班制度,如毕业生离校前夕、国家法定节假日和社会形势敏感时期等特殊时间段。学生工作干部基本上做到"同住、知情、关心、引导",即与学生同住学生公寓;了解学生思想动态;关心学生思想、生活;引导学生正确处理各种问题,开展经常性的思想政治工作。

## 2.健全关爱制度,提升队伍建设

针对近年来高校公寓管理工作任务日益艰巨繁重,从服务学生、服务高校后勤社会化建设出发,通过完善公寓管理人员职业保障制度、积极为高校公寓管理人员排忧解难、完善关爱公寓管理人员工作机制等几个方面,进一步推动和改进关爱高校公寓管理人员的措施。

要健全关爱制度,提升队伍建设。要合理安排高校公寓管理人员的工作和休息,根据人员和管理区域配置、制定和落实轮休制度;加强年休假制度落实情况督导检查,推动年休假常态化。要完善公寓管理人员心理咨询服务和危机干预机制,严格落实年度体检制度,建立公寓管理人员健康电子档案,开展职业病危害因素基本情况普查,健全针对性健康干预措施。要完善职业保障制度,进一步加强职业待遇保障、健全职业风险保障、完善医疗救治机制。要积极为高校公寓管理人员排忧解难,改善他们的工作生活条件,对条件艰苦、生活困难的高校公寓管理人员提供帮助,实施精准扶贫。建立日常慰问、特困救助制度,竭诚为公寓管理人员考虑,真心实意,力所能及地为他们解决一些生活中遇到的实际困难,让他们在细微之处感受到亲人般的温暖。积极为公寓管理人员创造良好的工作条件和生活条件,解除他们的后顾之忧,千方百计提高他们的工资待遇,确保公寓管理人员安心工作,从而全身心地投入服务学校、服务学生的工作中去。

## 3.发挥工会与团队的优势,营造校园文化,增强凝聚力

在教育系统后勤改革不断深入的背景下,后勤管理面临的既有新的发展机遇,也有发展中的问题。如何抓住机遇,解决发展中的问题是工会的中心,发挥工会与团队的优势,营造校园文化,增强凝聚力。工会要使员工对教育改革有正确的认识就要加强学习,通过学习提高思想认识。工会要根据党支部制定的学习计划,在员工中形成良好的学习氛围,工会干部要做努力学习的带头人。工会就要在员工中倡导爱岗敬岗,做好本职工作,鼓励员工自我学习,以多种形式帮助员工提高业务能力。工会要配合行政制定和完善岗位管理制度,要切实做好员工权益维护工作,工会

应当顺应职工合理的要求,维护员工的正当权益。要认真听取员工的意见、建议,了解员工的思想,关心员工的生活,建立困难员工档案;做好员工与领导之间的"桥梁",推进民主管理建设,建立职工代表大会制度。工会要做好与员工切身利益有关的职工保障工作如医疗保险、体检等,努力为职工提供良好的服务。根据单位的实际情况,创造条件组织职工开展各类活动,提高职工的素质修养,丰富职工的生活,鼓励职工参与工会开展的各项活动。工会要做好和完善自身的建设工作,严格工会财务制度。工会干部要注意学习工会法、劳动法等有关的法律法规,积极参加各项培训,以提高自身能力和为职工服务的能力。另外,工会还应该及时开展送温暖活动,特别是后勤战线的老劳模、特困户,要关注他们的健康和合理建议、意见,如范围内无条件解决的,可以向上级部门或职能部门反映情况,以取得支持。工会还应该定期组织一些活动,丰富业余生活,如在教师节时可以组织"茶话会""座谈会";在春天的时候组织员工春游、踏青、诗朗诵、运动会等,通过多种形式的活动增强员工的团队精神和合作意识。在特殊的节日,如春节、中秋节,工会还应该发放一定的福利,切实落实送温暖工作,通过多种形式打通工会与员工的"最后一公里",让他们感受到工会组织的关怀与温暖。

## 三、用信息化手段提高公寓管理服务质量

### (一)信息化思维与公寓管理服务的信息化

学生公寓信息化建设是当前高校公寓发展的新要求。高校学生管理正在不断地向智能化、网络化迈进。为了进一步配合学校学生管理工作,有效促进教育的现代化和管理的信息化,学生公寓管理需要加强自身的信息化建设则显得责无旁贷。提高管理效率,提升服务质量,逐步完善学生公寓的育人功能,力争实现教育部规定的学生公寓"两育人",即服务育人、管理育人的要求。

建设学生公寓信息化管理平台,实现公寓信息管理的自动化、智能化和标准化。建立稳定而高效的公寓信息管理系统是实现高校学生公寓管

理的科学化、程序化、专业化的客观需求。推进学生公寓的信息化建设，要不断延伸保障服务的空间和时间，不断挖掘保障服务的利益和内涵，全面提升学生公寓的事务办理、管理协调、公寓文化、生活服务等信息环境，进一步创新服务理念、创新管理机制，实现公寓管理水平和服务效益的全面提高。在高校学生公寓管理的实践中，通过高校公寓管理信息化系统可以设计学生宿舍基本信息查询功能；卫生通报、检查信息功能；学生宿舍违章违纪信息；班主任进宿舍信息；学生宿舍异动信息；学生走读程序办理等，加强了宿舍管理部门和院系学工办等部门的互动联系；各类信息查询、处理更为方便、及时、透明；简化了部分程序，提高了工作效率。建设"线下"24小时一站式学生公寓服务中心和"线上"学生公寓数字服务网站，将学生公寓管理、事务审批、维修工作、文化建设、意见投诉等项目融合，保证服务的一体化、规范化和便捷化。开发移动客户端功能。通过手机实现事务办理、学生工作、通知公告、文化建设、师生互动和公寓品牌宣传的功能。通过智慧公寓平台，加强各相关单位协同合作，使服务流程科学化和规范化，服务效率便捷高效。根据学生公寓智能化的发展需求，学生公寓信息管理系统将会和门禁系统、智能水电系统等管理系统连接，不断完善宿舍资源的管理和考核。

## (二)中国制造2025与公寓管理服务智能化

### 1.工业4.0为公寓管理服务升级提供了可能

"工业4.0"是德国推出的概念，我国叫"中国制造2025"，其本质内容是一致的，都指向一个核心，就是智能制造。互联工业4.0的核心是连接，要把设备、生产线、工厂、供应商、产品和客户紧密地联系在一起。工业4.0连接产品数据、设备数据、研发数据、工业链数据、运营数据、管理数据、销售数据、消费者数据。工业4.0将无处不在的传感器、嵌入式中端系统、智能控制系统、通信设施通过CPS形成一个智能网络。纵观整个工业4.0时代的发展，如何找到高效、创新的突破口成了摆在目前高校公寓管理工作面前的难题。高校公寓管理作为大多数高校日常运作中的重要组成部分，承载高校后勤运作工作的重大责任。随着信息化进程的推进,不少高校也引入了视频监控系统、安全管理系统等技术支持,提升了管理效能和管理覆盖面。创新的思维已经深深地融入变革之中,相信在不久的将来,创新的力量会为整个高校公寓管理发展提供源源不断的动力。

工业 4.0 为公寓管理服务升级提供了可能。工业 4.0 使学生公寓管理系统具备对公共空间进行规划、对公共资产进行登记备案、清查、管理功能,节省人力物力,避免效率低,错误多,学生公寓管理系统提升资产管理精确度,对损坏、陈旧设备进行备案、淘汰、更新。对学生宿舍用电情况进行智能化控制、一旦有学生在宿舍使用大功率电器,智能电控系统就会自动切断电源,避免发生安全事故。智能烟雾报警装置的安置可以有效提示学生或者管理员,在具体某楼栋、某楼层、某寝室有烟雾出现,大大降低发生大规模火灾的概率,保护了学生的财产与人身安全。学生公寓服务系统使得学生可以利用网络、学生公寓管理系统客户端、微信平台等实现网上提建议、报修、查看校园新闻、了解天气、投诉、查成绩、交水电费等功能,其中,网上报修可以实现预约与评分功能,避免等待以及需求时间与满足时间相对延迟。学生想提意见或者投诉都是层层反应,先是宿舍长、楼管阿姨,慢慢层级上报,现在直接在平台上反映问题,节省上报时间,提高意见采纳以及投诉处理效率。学生公寓管理员或者学生申报所需物资以前要走好多部门,找领导、签字盖章等一系列烦琐程序,现在在平台上审批,提高了工作效率、服务效能和学生满意度。

### 2.从智慧城市到智能公寓

智慧城市就是运用信息和通信技术手段感测、分析、整合城市运行核心系统的各项关键信息,从而对包括民生、环保、公共安全、城市服务、工商业活动在内的各种需求做出智能响应。其实质是利用先进的信息技术,实现城市智慧式管理和运行,进而为城市中的人创造更美好的生活,促进城市的和谐和可持续发展。为解决城市发展难题,实现城市可持续发展,建设智慧城市已成为当今世界城市发展不可逆转的历史潮流。当前,全球信息技术呈加速发展趋势,信息技术在国民经济中的地位日益突出,信息资源也日益成为重要的生产要素。智慧城市正是在充分整合、挖掘、利用信息技术与信息资源的基础上,汇聚人类的智慧,赋予物以智能,从而实现对城市各领域的精确化管理,实现对城市资源的集约化利用。

由于信息资源在当今社会发展中的重要作用,发达国家纷纷出台智慧城市建设规划,以促进信息技术的快速发展,从而达到抢占新一代信息技术产业制高点的目的。因此,高校学生公寓智能化管理也应运而生,它通过运用现代化的管理手段提升高校管理者的管理水平。随着现代化科技水平的不断提升,高校公寓智能化管理水平会越来越先进,越来越完善。智能公寓是在现有公寓管理系统的基础上强化智能化理念,智能系统可以将配置情况、短缺情况、使用年限、品种、规格、单价、数量等基本情况存储在信息库中,管理人员可以随时调用打印出表册,一则可以取代烦琐的设施设备账目,二则可以一目了然随时掌握有关情况。该系统在学生的学籍资料数据库的基础上,根据住宿安排的原则,自动完成学生住宿安排,形成专门的学生住宿档案数据存放在数据库中。学生公寓住宿管理智能化主要通过学生公寓住宿管理信息系统实现,公寓管理部门可以通过道闸、监控、人脸识别、门禁等各种技术,对各种数据进行更新、维护,可以随时对学生公寓住宿信息进行自动检索、查询、统计和分析,从而准确了解到住宿学生的住宿情况和房间、床位的利用情况,提供空房间、空床位统计明细表。通过智能化管理实现学生足不出公寓即能享受社会化、人性化、高水平、全方位的延伸服务,并形成和完善服务工作的监督检查功能,建构"数据无边界、管理有边界"的智慧公寓。

## (三)用信息化手段提高公寓管理服务质量

### 1.搭建完备的公寓信息化系统

在学生公寓管理中运用信息化技术,公寓管理实现了计算机技术化,不仅可以提高本部门管理的自动化和智能化,促使管理模式的合理化、管理方法的科学化、管理过程的规范化、管理数据的精确化、管理效果的最优化、管理效率的最大化、管理质量的标准化,还能为高校教育管理实现整体信息化创造条件。

搭建完备的公寓信息化系统,推进智慧校园建设,建立以学工系统为平台的智慧管理模块。学工系统设定为基础数据、学工管理、公寓管理三大模块。公寓管理系统能够实现公寓管理信息化、精细化、人性化功能。公寓管理系统可实现学生入住、调宿、退宿、停宿、请假、留宿等申请,并结合宿舍门禁系统进行住宿生考勤统计;公寓管理人员可通过移动终端实现内务检查、违禁违纪检查、住宿生考勤查询等功能;相关职能部门、系部、班主任可实时查询宿舍床位信息、内务检查统计、宿舍违禁违纪通报、住宿生考勤统计等情况,并可通过移动端进行情况反馈。强化公寓对住宿学生情况的管理,实现公寓各项服务快捷、有效、便利,做到学生管理与公寓管理的无缝连接。迎新系统(报到、选房、卧具),管理系统(学生和房源信息、调宿、行为),服务系统(员工信息、来访、物资、巡查、考评等等),离校系统,搭建完备的公寓信息化系统,牢固树立"三个一切"的办学理念,想学生之所想,急学生之所急,"一站式"服务体系大大方便学生生活。公寓管理员要积极适应学校管理理念的发展,适应公寓管理信息化新形势,努力提高自身素养。每学期都应该对公寓管理员进行集中培训,年底全院组织"比武"操作大赛,极大地调动员工工作积极性。公寓管理系统、门禁管理系统、一卡通系统及物业报修集成一起,实现了远程报修、住宿统计、远程门禁监控为一体。通过转变理念、模式立新、形式创新,促进我国高校公寓管理工作迈出坚实一步。

## 2. 信息化与智能化的核心是便捷和质量

在努力提高住宿硬件条件的同时,要充分借鉴现代文明总结出来的科学的管理方法,利用信息化手段,对公寓的管理实现计算机网络智能化,提供便捷和高质量的服务。学生公寓的日常管理涉及人员管理、住宿管理、水电管理、安全管理等诸多方面,积极吸纳现代管理的绩效考核、人力资源管理等有效的管理方法,重视现代科学技术的投入与应用,提高服务质量、安全系数和管理效率。服务要实现亲情化。公寓是学生在校学习期间的"家",要让他们感受到家的温暖,就要提供力所能及的方便服务,如生活中常用的小五金工具、针线包、打气筒、列车时刻表、交通地图等,为学生提供方便。学生公寓内水电气控制和管理由计算机控制和管理系统自动完成。计算机控制和管理系统可以自动对公寓内各宿舍的水电气消耗量进行动态计数并自动完成水、电、气三表抄收形成专用数据库,公寓管理人员可以随时对水电气的用量、费用等需要的数据进行打印报表。对实行限额供应水电气的公寓宿舍,该系统可以对超额或欠费宿舍自动报警甚至自动截断供应。对防火要求较严格的公寓,可根据需要在系统中选配限电或自动识别系统,以预防火灾的发生。重视学生对公寓管理和服务的意见和建议,拓宽信息收集渠道,及时反馈学生提出的问题,解决疑难,加强正面引导,关注学生关心的热点、难点、感兴趣的问题,教育引导学生,想学生之所想,急学生之所急。强调亲情化和沟通式服务,注意"家文化"的提炼,创造学生公寓管理服务品牌。现代化是需要学校大量的资金投入,是要有一个逐渐完善的过程,在积极争取硬件设备升级的同时,不能放松软件的建设,与学生建立和谐的关系是做好服务管理工作的保证。

管理服务学生既是一个公共产品供给过程,又是一个蕴含理想、信念、价值观的全面育人过程。运用管理服务大数据的根本在于客观、全面和动态把握高校学生成长成才存在的问题,为学生提供个性化、定制式精准管理服务,从而提升管理服务育人的针对性和实效性。运用大数据提升高校管理服务水平和质量既是一个集成不同部门、层次信息数据的系统性工程,又是一个面向世界一流大学创新管理服务体系和实施高校治理现代化的改革创新工程和全面育人工程。

### (四)共建公寓信息化平台,共育创新高素质人才

#### 1.信息化的基础是互通互联,资源整合

共建公寓信息化平台,实现公寓信息化平台的综合数据融合功能。

当前,高校学生正处于信息化、数据化时代,学生在校园可以随时随地运用 Wi−Fi、5G 上网,并在各种社交平台进行参与和互动、具有移动性、社交性等特点,所以,需要建立一个体系,对各种信息进行大数据分析。从学生公寓发展的层面需要资源融合和共享,实现科学化、精细化管理。为更好地为学生及学校有关部门提供个性化服务、推荐服务、情景导航、一站式服务,实现信息透明、数据开放、增值服务等,实现无缝对接服务,随时随地不受时空限制的服务,在学生公寓管理的迎新、门禁、常规管理等相关技术信息通过奥蓝系统建立有效整合跨部门服务资源和各类管理信息资源数据融合平台。

通过互通互联的信息化,整合各级各类教育资源,分类别建设高校教育资源库。建成教学资源类、教育管理类、交流沟通类、教务教学类、视频音频类教育资源共享库群,以此推进教育均衡化发展。基本满足现代远程教育、终身教育、教育教学和图书资源共享、考试、招生、师资培训等的需要。通过部署防火墙、上网行为管理等设备,构建安全可控的教科网出口,为网内用户提供互联网访问以及公众用户访问教科网资源的通道,并实现与 CERNET 互联互通,形成科学规范的信息化教育管理体系,为政府宏观决策提供科学依据,为公众提供公共教育信息,不断提高教育管理现代化水平。

### 2. 公寓信息化平台与校园各网络平台的共建共享

校园网内创建资源共享平台、增强管理服务意识,网站设有校务公开、上级来文、通知公告等栏目,学校的相关文件、通知等及时上网。通过登录学校网站,查看是否有新通知、最新的学校新闻、新充实的内容等等,以便及时地知道自己该干什么,该学点什么,别人在干什么,学校发生了什么事,学校将发生什么事。有条件的高校要建立班级网站及学校论坛,使班级管理数字化、直观化,增强班级管理的透明度,使管理更趋于科学,将使论坛成为师生讨论问题、互述心声的温馨家园。充分利用网络互动环境进行网络培训、网络教研,促进教师专业成长,加强教师的信息素养,提高教师适应新课程改革的能力,提升教学能力和水平,创建网络环境下教师专业成长的新模式。

实现网内信息资源共享。让学生公寓信息系统成为公寓管理人员的管理手段和服务工具,不仅提高学生公寓的管理过程的规范化、管理方法的科学化、管理模式的合理化、管理质量的标准化,还可以实现公寓信息自动化、智能化、精确化;使管理工作效率得到大幅提升,管理效果更加优化,也可以为高校实现整体信息化管理创造条件。因此,需要加大对公寓信息化管理的投入,不断完善学生宿舍信息系统。在公寓管理信息系统建设上,要充分利用好"学生管理信息系统"的系统性优势,力求改变以往各类管理系统的简单功能,着力学生公寓内部管理的完善和外部功能的互动,从而为学生公寓管理服务工作的健康开展提供坚实支撑,真正实现并达到服务育人、管理育人的目的,更好地为广大师生提供高效优质的服务,实现信息化管理服务的功能优化与提升。

### 3. 共建智慧公寓,共育创新高素质人才

共建智慧公寓,共育创新高素质人才,以计算机网络技术为代表的信息技术正推动教育和教育管理手段、方式发生根本性改变。不言而喻,计算机技术的发展和运用最终会要求公寓管理的计算机网络化,全面实现管理的信息化。这要求更新公寓管理观念,牢固树立全局观念、人本观念、动态观念、效益观念;造就和培训适应新形势下的公寓管理队伍;借助信息技术手段,建设和管理好学生生活的"虚拟社区"(或叫"虚拟公寓")网络网站。网站上除了信息发布,还必须有社区 BBS、公寓管理员信箱和住宿信息、电话号码、火车时刻、飞机班次、水电气费等网络查询功能,积极将现实世界、书本世界和虚拟世界有机结合。通过网络服务平台给学生提供方便快捷的生活网络服务,为学生公寓创建全面发展的新空间。重视网站互动性的建设,特别开设"校长信箱""留言板"等互动栏目。在学校网站的留言板上,对于各界朋友提出的所有意见和建议,要认真对待、仔细研究,能够马上回复的要予以及时回复。对于一些比较棘手的问

题,要通过校务会研究讨论,并在最短时间给予答复。特别是很多在外务工的家长对于自己的孩子在学校学习的情况非常关心,因此,要让学校网站成为这些家长了解学校发展和孩子成长的正确渠道。学校也通过这个渠道,听取更多家长的建议和鼓励,有力地推动学校健康发展。尝试开通"学科互动"版块,以论坛的形式进行。各学科版块可设置集体备课、在线答疑、资源共享等栏目,真正通过校园网实现学校教学的网络化,共建智慧公寓,共育创新高素质人才;还要加强班级主站及师生博客建设,将中国现代教育网的"在线办公室"引入,构建以网站为平台的在线学习交流方式。在"多媒体预约系统""成绩查询系统"的基础上,开发"学籍管理系统""工资管理系统""考勤管理系统""在线备课系统""视频播放系统""校园 OA 办公系统",创建"校友录",为学校与校友搭建沟通交流平台。在学生公寓文明和文化建设管理中,将公共的和各宿舍的卫生安全、公物保护、公益劳动、遵章守纪、好人好事、违章违纪、文化活动等情况的检查记录、登记报表陆续输入计算机内,经过一段时间的积累,按照一定的评分比例,经计算机处理后即可得出一定的数据资料,再按照一定的标准处理,最后可获得评比"文明公寓""文明宿舍""文明个人""先进集体""积极分子"等所需要的各种数据和名单。共建智慧公寓,共育创新高素质人才,可以确保公寓信息系统的有效使用和数据处理的规范化、标准化。公寓管理的信息化、智能化、精确化已成为公寓管理环节的重要一环。

# 第二节　高校学生饮食管理服务与管理

本节以某高校饮食服务中心管理为例。

## 一、中心职责范围

饮食服务中心承担全校师生饮食供应保障服务,主要负责学生饭菜的烹调制作、售卖及其就餐场所的服务管理等工作。下设中心办公室、保障餐厅、调剂餐厅和特色餐厅等四个部门。

## 二、中心办公室及其岗位设置

中心办公室负责对外接待、宣传报道、文案处理、员工培训考核、工作监督检查、咨询投诉处理和办公软件维护,以及与各部门之间的协调工作。

### (一)中心主任

1. 岗位职责

(1)全面主持饮食服务中心整体工作;

(2)负责中心各餐厅饭菜制作、售卖及就餐场所服务等统筹管理工作;

(3)负责与官方食品监督检验、检疫等机构的沟通与协调工作;

(4)负责中心整体事务的协调与督导工作;

(5)完成集团交办的其他工作。

2. 工作方式与要求

(1)按照就餐师生日常就餐需要,安排并督促各餐厅做好一日三餐的餐饮服务保障工作。

(2)按照国家《食品安全法》《集体餐饮服务管理规定》相关文件要求,做好学校饮食安全管理工作,确保饮食安全事故的零发生。

(3)按照学校制定的学生食堂相关财务指标要求,督促各餐厅做好日常经营核算、饭菜单品核算和固定资产管理等工作,维持学生食堂正常开展。

(4)按照国家《劳动合同法》及学校用人管理办法,做好本中心招聘人员的管理工作。

### (二)办事员

1. 岗位职责

(1)负责中心的宣传工作及中心内外公文、函电、传真件的收发、传达、传阅、转办、催办、归档;

（2）协助负责餐厅的经营核算、食品安全卫生检查等工作；

（3）负责中心各岗位员工招聘入职申报、业务培训、离职解聘等人事管理工作；

（4）负责办公室人员考勤、考评及其日常工作的管理；

（5）做好中心相关办公系统和设备的维护与保养、低耗物资采购工作；

（6）完成中心主任交办的其他任务。

## 2.日常常规工作方式与要求

办事员日常工作流程表如表5-1所示。

### 5-1　办事员日常工作流程表

| 时间 | 内容 | 标准要求 | 备注 |
|---|---|---|---|
| 7:50～8:00 | 办公室卫生 | 1.墙面、地面干净无尘、无污渍 | |
| | | 2.门窗、文件柜干净无尘、无污渍 | |
| | | 3.电脑、文件盒表面干净无尘 | |
| | | 4.桌面物品摆放有序，不杂乱 | |
| 8:00～12:00<br>(14:30～17:20) | 日常工作 | 1.听取中心领导安排工作任务 | |
| | | 2.认真思考工作开展的具体方法 | |
| | | 3.联系相关部门确定工作时间进度 | |
| | | 4.确定工作方案并汇报领导审核 | |
| | | 5.按照方案计划和要求认真落实 | |
| | | 6.工作当日完成进度及其结果汇报 | |
| | | 7.外出工作或下班之前请存好文档 | |
| | | 8.午休时关闭大功率电器(空调) | |
| | | 9.午休时关窗锁门 | |
| 17:20～17:30 | 工作收尾 | 1.整理工作台面，文件归类存放 | |
| | | 2.办公电脑关机并切断电源 | |
| | | 3.关闭大功率电器，做到人走电断 | |
| | | 4.检查用电安全并关窗锁门后离开 | |

## 3.上报文件工作方式与要求

（1）中心办事员依据工作需要起草文件，行文要符合公文标准。

（2）将完成文件初稿交中心主任审阅，并予以修正。

（3）将修改后的文件提交分管领导批示。

（4）需要报告学校有关部门的，由集团办公室上报，属于集团内部事宜,经过分管领导批示后,中心进行处理。

(5)问题处理后,要进行结果检查,没有解决问题的要继续上报领导,进行批示解决。

### 4. 网上意见处理工作方式与要求

(1)产品问题发生后,按照师生可从不同渠道将投诉问题进行整理,主要有校务信息平台、后勤服务网站和中心办公电话投诉,以及向中心员工反映问题。

(2)投诉问题进行初步分类:属于学校其他部门责任范围,向投诉人说明清楚,帮助其查找相关部门联系方式;属于后勤处报修内容,向投诉者说明情况,代为网上报修;属于中心责任范围,进行问题处理。

(3)投诉问题处理,为投诉者解决问题。对问题进行检查,工作达标,处理结束;不达标重新上溯中心,进行问题分类协助处理。

(4)追溯问题产生的原因,员工职责履行失误,追究责任人责任,其他原因造成,让员工学习经验引以为戒。问题处理结束。

### 5. 新闻报道工作方式与要求

(1)根据中心重大工作事件安排和各部门日常工作中突出亮点事件收集素材。

(2)依据后勤服务工作宣传需要,编写新闻稿件,调整相关工作图片。

(3)登陆后勤数字化大厅网页,进入新闻发布平台。

(4)将编写好的新闻稿件和图片嵌入到新闻发布模块,并调整好字体和位置后予以保存。

(5)完成后经中心领导审核后予以发布。

### 6. 财务报销工作方式与要求

(1)整理报销单据,所购物品必须由供应商提供发票(国家统一正规发票)或收据,做到账、物数据一致。

(2)物资配送到相关部门后,经该部门验收人员和负责人入库验收核对后,在《低值易耗单》或《固定资产单》签字确认(供方负责人签字、需方验收人和负责人签字)。

(3)填写报销单,注明款项支付原因,且经办人在报销单上签字后,票据统一装订。

（4）报销单据经主任审核后签字加盖中心公章。

（5）报主管副总经理处审批签字后，由财务部办理报销手续。

### 7. 员工培训工作方式与要求

（1）按照中心人员管理和日常业务开展需要，拟定详细的工作计划，包括培训时间、地点、人员、内容和培训方式。

（2）依据培训方案，协调相关部门提前联系确定培训场所和培训主讲人，确定召开时间，并通知参加培训的人员。

（3）提前30分钟到达培训地点与场所提供方筹备好所需要的培训学习设施（如需准备记录本和签字笔的提前准备好，人手一份）的筹备和培训会场的布置工作。

（4）组织参加培训人员签到、按照安排引导入座，参与相关业务内容的培训工作。

（5）按方案时间安排宣布培训工作开始，说明培训工作的主题、目的和意义，并简要介绍培训主讲人。

（6）培训主讲人根据培训内容要求实施培训工作，在培训过程中，协助主讲人维持培训会场秩序，并填写培训记录表。

（7）培训结束后组织员工安全、文明地离开培训会场，防止大声喧哗。

（8）评估本次培训效果并完成培训记录整理归档工作。

### 8. 物资采购工作方式与要求

（1）整理汇总各部门上报部门每周采购计划，包括部门低耗常备物品及近期因工程等原因急需购置的物品。

（2）报送中心主任对采购内容进行审核，签字盖章后送主管领导审批，方可进行采购。

（3）将各部门低耗物资进行分类汇总、填写采购单，完成后和采购计划报告（领导审批）报送物流中心进行采购。

（4）需求物品经物流中心采购后配送到本中心，进行清点数量、验收质量，数量核对、质量检查无误后，方可办理入库。

（5）通知中心各部门领用低耗物品，领用发放时必须填写发放登记表，经部门领用人签字后，方可办理实物出库。

## (三)检验员

### 1.岗位职责

(1)负责化验室设备器材、药品试剂等的日常维护、应用与管理;

(2)负责各餐厅饭菜制作过程中关键环节的安全检查工作;

(3)负责各餐厅饭菜留样保存、留样记录的登记等工作;

(4)负责各餐厅饮食原料、成品的常规检测工作;

(5)负责检验室档案资料的建设管理工作;

(6)完成领导交办的其他工作任务。

### 2.日常检测工作方式与要求

检验员日常工作流程表如表5-2所示。

表5-2　检验员日常工作流程表

| 时间 | 内容 | 标准要求 | 备注 |
|---|---|---|---|
| 7:50~8:00 | 化验室卫生 | 1.墙面、地面干净无尘、无污渍 | |
| | | 2.门窗、文件柜干净无尘、无污渍 | |
| | | 3.电脑、文件盒表面干净无尘 | |
| | | 4.桌面物品摆放有序,不杂乱 | |
| 8:00~12:00<br>14:30~17:20 | 日常工作 | 1.检查员工仪容仪表 | |
| | | 2.检查中心各餐厅卫生 | |
| | | 3.检查加工过程是否符合标准 | |
| | | 4.检查入库半成品与成品质量 | |
| | | 5.做好各项检查记录并归档 | |
| | | 6.留样化验并做好记录 | |
| | | 7.当日工作完成进度及其结果汇报 | |
| | | 8.外出工作或下班之前存好文档 | |
| | | 9.午休时关闭大功率电器(空调) | |
| | | 10.午休时关窗锁门 | |
| 17:20~17:30 | 工作收尾 | 1.整理工作台面,文件归类存放 | |
| | | 2.办公电脑关机并切断电源 | |
| | | 3.关闭大功率电器,做到人走电断 | |
| | | 4.检查用电安全并关窗锁门后离开 | |

### 3.餐厅检查工作方式与要求

检验员日常工作流程表如表5-3所示。

表5－3　检验员日常工作流程表

| 序号 | 工作内容 | 时间 | 标准要求 | 备注 |
|---|---|---|---|---|
| 1 | 检查 | 8:10 | 检查餐厅采购的原材料存放情况,加工过程环节控制 | |
| | | | 敦促员工具有良好仪容仪表、精神面貌、服务规范、操作技能、团队精神 | |
| 2 | 监督 | 全天 | 各餐厅环境、饮食卫生符合饮食相关标准,销售中的价格 合理,质量、计量无误 | |
| 3 | 安全 | 全天 | 做好日常检查监督工作,防患于未然 | |

## (四)核算员

### 1.岗位职责

(1)协助餐厅经理搞好日常物资及账务管理工作;

(2)负责原材料、辅料、设备和炊具等验收入库,出入库原料物品要严格验核、过秤和点数,并当场由经办人签字,发现问题及时解决;

(3)负责餐厅所用票据的领用、缴销,并严格遵守集团和中心有关财务规定;

(4)负责各种收入与支出账务的核对工作,外欠账务(物)的收缴与回收;

(5)每月25日与中心财务人员对库房物资进行盘点,确保账物相符;

(6)积极完成所在餐厅经理交办的其他任务。

### 2.方式与要求

核算员日常工作流程表如表5－4所示。

表5－4　核算员日常工作流程表

| 序号 | 工作时间 | 工作内容 | 工作要求 |
|---|---|---|---|
| 1 | 05:30～05:40 | 班前准备 | 穿工服、戴工帽、系围裙<br>洗手、消毒;班前会议 |
| 2 | 05:40～06:00 | 物资出库 | 根据早餐需要,做好风味领料 |
| 3 | 06:10～8:00 | 售饭 | 餐厅早餐售卖 |

| 序号 | 工作时间 | 工作内容 | 工作要求 |
|---|---|---|---|
| 4 | 8:00~9:30 | 物料验收入库 | 物资采购验收、核对数量<br>班组领料发放、登记 |
| 5 | 9:30~11:00 | 账务核对 | 物流账单核对<br>沟通产品质量<br>查看库存物资数量<br>核算班组领料情况 |
| 6 | 11:00~12:00 | 中央厨房原料计划申报 | 汇总菜案计划,报送中央厨房净菜车间<br>汇总主食计划,报送米饭、面食车间<br>汇总豆制品计划,报送豆制品车间 |
| 7 | 12:00~13:00 | 午餐售卖 | 午餐售卖 |
| 8 | 13:00~13:30 | 就餐 | 餐厅员工餐就餐 |
| 9 | 13:30~15:00 | 午休 | 下班之前更换工作衣帽,并存放于个人更衣柜中,非个人用品不得带出餐厅操作间 |
| 10 | 15:00~15:10 | 签到更衣 | 下午班次签到,不得迟到<br>穿工服、戴工帽、系围裙 |
| 11 | 15:10~16:00 | 汇总申报计划 | 统计汇总餐厅各班组副食计划<br>采购计划经餐厅经理审核后,报送物流中心采供部 |
| 12 | 16:00~18:00 | 餐厅账务核算 | 统计餐厅采购支出总数<br>核算各班组领料数据<br>处理日常账务工作 |
| 13 | 18:00~19:00 | 盘存、保洁 | 盘存库存物资,核对账务记录<br>整理库房存放物资,清洁库房卫生<br>整理办公室账务等工作 |
| 14 | 19:00~19:30 | 晚餐 | 餐厅员工晚餐就餐 |
| 12 | 18:00~18:30 | 下班更衣 | 将工服存放至指定位置,保持工服的干净卫生 |

# 三、保障餐厅及其岗位设置

饮食服务中心保障餐厅主要承担学校师生基本伙食服务的保障工作,负责学校餐厅早、中、晚一日三餐的大锅饭菜保障提供服务。

(一)部门经理

1.岗位职责

(1)负责餐厅日常经营工作,现场组织指挥,保证一日三餐正常供应;

(2)督促检查伙食质量、服务质量、卫生安全状况,增强服务质量和服

务意识,重视就餐者意见;

(3)注意节约,加强经营成本核算,做好节能降耗工作,审核经费收支情况;

(4)加强员工思想教育和业务能力培训,关心员工生活,逐步改善员工工作、生活条件;

(5)坚持请示汇报制度,发现重大情况迅速处理,并立即报告上级领导;

(6)完成领导交给的其他工作。

## 2.方式与要求

部门经理日常工作流程表如表5-5所示。

表5-5　部门经理日常工作流程表

| 序号 | 内容 | 时间 | 标准要求 | 备注 |
|---|---|---|---|---|
| 1 | 出勤 | 7:00~7:30 | 按时上岗,不迟到,不早退,随传随到 | |
| | | | 墙面、地面、门窗、文件柜、电脑、文件盒干净无尘、无污渍,桌面物品摆放有序,不杂乱 | |
| 2 | 日常工作 | 7:30~19:00 | 统筹安排餐厅日常事务<br>落实各项规章制度,及时汇报本餐厅工作<br>运用餐饮管理系统加强管理,严格检查每个操作环节,保证饭菜质量,每月推出新品种<br>厉行节约,杜绝浪费,严格成本核算,提高社会效益和经济效益<br>按照《食品安全法》和"五四制"的要求,定岗、定责分片包干,做好个人卫生和餐厅卫生,严防食物中毒<br>督促员工遵守操作规程,确保生产安全<br>利用员工考勤系统认真做好考勤、考评工作,个人有事时填写假条报中心主任批示,批准后方可离岗<br>做到纪律严明,办事公正,勤政廉洁,实事求是<br>合理调配劳动力、合理分配劳动报酬<br>实行民主管理,虚心听取员工的意见,制定改进措施<br>随时留心后勤网站,及时了解师生意见并及时解决 | |
| 3 | 收尾工作 | 18:30~19:00 | 检查餐厅卫生,全面检查餐厅水电气安全及设备情况,安排留守值班人员 | |

## (二)厨师长

### 1.岗位职责

(1)全面负责餐厅后厨各项管理工作;

(2)制定当日食谱,负责协调高、中、低档菜、蒸炸类的烹制;

(3)改进饭菜品种和质量,随季节变化随时进行投料标准和单菜成本核算;

(4)根据就餐情况合理制订次日菜品供应计划,并制订原料需求计划;

(5)认真填写好认证表格,做好餐厅相关文件体系贯彻落实工作;

(6)完成餐厅经理临时交办的任务。

### 2.工作流程与方式要求

厨师长日常工作流程表如表5-6所示。

表5-6　厨师长日常工作流程表

| 序号 | 内容 | 时间 | 标准要求 | 备注 |
|---|---|---|---|---|
| 1 | 签到 | 6:15(15:00) | 准时到岗,不迟到 | |
| 2 | 更衣 | 6:15～6:25<br>15:00～15:10 | 工装整洁干净,工服、帽、围裙无污点油渍<br>工号牌应佩戴在胸前工作服左上方、口袋上方的位置<br>头发短而整齐、不留胡须、不佩戴任何首饰<br>不留长指甲,指甲内无污垢物。 | |
| 3 | 安排工作任务 | 6:25～6:35<br>15:10～15:20 | 布置工作任务,责任到人<br>明确任务完成时间和标准要求 | |
| 4 | 领取原料 | 6:35～7:05<br>15:20～15:50 | 按照当天用量领取原料,并签字确认 | |
| 5 | 工作督促 | 7:05～8:00 | 督促工作人员完成早餐小菜制作、肉类上浆等工作,并检查质量 | |
| 6 | 原料预加工 | 8:00～10:00<br>15:50～16:30 | 按时完成过油、烟、煸、炒等原料预加工工作 | |
| | | 10:00～11:00<br>16:30～17:00 | 完成为面案制作臊子、蔬菜焯水等预加工工作 | |
| 7 | 炒制菜品 | 11:00～12:40<br>17:00～18:30 | 检查协调各岗位工作流程,加快出品速度 | |
| | 检查出品质量 | 11:00～12:40<br>17:00～18:30 | 所有菜品按照,色、香、味、形、料、量来出品 | |

| 序号 | 内容 | 时间 | 标准要求 | 备注 |
|---|---|---|---|---|
| 8 | 收尾检查 | 12:40～13:00<br>18:30～19:00 | 检查后厨卫生清理情况<br>各卫生区域无积水、无油渍<br>厨具清理情况,厨具进保洁间<br>未使用完原料存放情况,常温保存原料进<br>三防柜,低温保存原料进冷库 | |
| 9 | 记录填写 | 18:30～19:00 | 各类记录按时完成,填写规范真实 | |

## (三)安全卫生班长

### 1.岗位职责

(1)负责餐厅卫生检查监督工作,确保餐厅卫生清扫及时、环境干净整洁;

(2)负责餐厅日常安全监督检查工作,排查并消除安全隐患;

(3)负责餐厅一般设施、设备维修工作;

(4)完成餐厅经理临时交办的其他工作任务。

### 2.工作流程与方式要求

安全卫生班长日常工作流程表如表5-7所示。

表5-7　安全卫生班长日常工作流程表

| 序号 | 内容 | 时间 | 标准要求 | 备注 |
|---|---|---|---|---|
| 1 | 签到 | 6:15(15:00) | 准时到岗,不迟到 | |
| 2 | 更衣 | 6:15～6:25<br>15:00～15:10 | 工装整洁干净,工作服、帽、围裙无污点油渍<br>工号牌应佩戴在胸前工作服左上方、口袋上方的位置<br>头发短而整齐、不留胡须、不佩戴任何首饰<br>不留长指甲,指甲内无污垢物 | |
| 3 | 检查、督促、整改 | 6:25～11:00<br>15:10～17:00 | 餐厅卫生干净、无蚊蝇<br>按照日清表条目规定逐个检查 | |
| 4 | 售饭 | 11:00～12:40<br>17:00～18:40 | 戴口罩、手套,口罩上遮鼻,下遮口<br>文明礼貌服务<br>菜品重量按照标准售卖 | |
| 5 | 收尾检查记录填写 | 12:40～13:00<br>18:40～19:00 | 根据日清要求检查原料存放情况<br>完整填写日清表<br>关好门窗,关闭不使用的电源 | |

### (四)菜案班长

#### 1.岗位职责

(1)全面负责菜案各项工作;

(2)负责编制原料计划单,确保餐厅用料充足;

(3)指导班组成员按要求完成切配任务,确保无安全事故;

(4)负责验收物流服务中心配送原料的质量;

(5)认真填写好各类表格,完成餐厅经理临时交办的任务。

#### 2.工作流程与方式要求

菜案班长日常工作流程表如表5—8所示。

表5—8　菜案班长日常工作流程表

| 序号 | 内容 | 时间 | 标准要求 | 备注 |
|------|------|------|----------|------|
| 1 | 签到 | 6:15(15:00) | 准时到岗,不迟到 | |
| 2 | 更衣 | 6:15~6:25<br>15:00~15:10 | 工装整洁干净,工作服、帽、围裙无污点油渍<br>工号牌应佩戴在胸前工作服左上方、口袋上方的位置<br>头发短而整齐、不留胡须、不佩戴任何首饰<br>不留长指甲,指甲内无污垢物 | |
| 3 | 工作布置 | 6:25~6:35<br>15:10~15:20 | 明确任务完成时间及其标准要求 | |
| 4 | 早餐工作督促 | 6:35~7:35 | 工装整洁干净,工服、帽、围裙无污点油渍<br>工号牌应佩戴在胸前工作服左上方、口袋上方的位置<br>头发短而整齐、不留胡须、不佩戴任何首饰<br>口罩上遮鼻,下遮口<br>不留长指甲,指甲内无污垢物 | |
| 5 | 原料切配 | 7:35~8:00<br>15:20~15:50 | 完成面案面食馅料、臊子切配<br>完成豆制品切配 | |
| 6 | 原料收取 | 8:00~8:50<br>15:50~16:10 | 完成物流中心、净菜车间原料收取工作<br>原料要新鲜,符合加工或炒制要求,不合格原料当场拒收 | |
| 7 | 切配清理 | 8:50~10:50<br>16:10~16:50 | 指导菜案技师完成自购的原料切配<br>安排完成切配结束后卫生清理<br>上报明日菜品计划 | |

| 序号 | 内容 | 时间 | 标准要求 | 备注 |
|---|---|---|---|---|
| 8 | 开餐人员调配 | 10:50～12:50<br>16:50～18:40 | 安排人员完成午餐售卖工作及时协助厨师出菜 | |
| 9 | 收尾检查 | 12:50～13:00<br>18:40～19:00 | 检查卫生清理情况,确保厨具进保洁间未使用完原料存放情况,常温保存原料进三防柜,低温保存原料进冷库 | |
| 10 | 记录填写 | 18:30～19:00 | 按照记录、表格说明填写记录 | |

## (五)菜案技师

### 1. 岗位职责

(1)按照菜案班长要求完成切配任务,确保无安全事故;

(2)负责原料接收、菜品售卖工作;

(3)搞好区域内环境和灶具卫生;

(4)完成餐厅经理临时交办的任务。

### 2. 工作流程与方式要求

菜案技师日常工作流程表如表5—9所示。

表5—9　菜案技师日常工作流程表

| 序号 | 内容 | 时间 | 标准要求 | 备注 |
|---|---|---|---|---|
| 1 | 签到 | 6:15(15:00) | 准时到岗,不迟到 | |
| 2 | 更衣 | 6:15～6:25<br>15:00～15:10 | 工装整洁干净,工作服、帽、围裙无污点油渍<br>工号牌应佩戴在胸前工作服左上方、口袋上方的位置<br>头发短而整齐、不留胡须、不佩戴任何首饰<br>不留长指甲,指甲内无污垢物 | |
| 3 | 接受工作任务 | 6:25～6:35<br>15:10～15:20 | 明确任务完成时间及其标准要求 | |
| 4 | 早餐售卖工作 | 6:35～7:35 | 根据班长安排,完成早餐售卖工作<br>完成早餐后厨具设备的回收整理工作 | |
| 5 | 原材料切配 | 7:35～8:00<br>15:20～15:50 | 根据班长安排完成面案面食馅料、臊子切配<br>完成豆制品切配 | |
| 6 | 原料收取 | 8:00～8:50<br>15:50～16:10 | 协助班长完成物流中心、净菜车间原料收取工作 | |

| 序号 | 内容 | 时间 | 标准要求 | 备注 |
|---|---|---|---|---|
| 7 | 原材料切配 | 8:50～10:50<br>16:10～16:50 | 根据班长安排完成净菜车间无法加工的原料切配<br>完成切配结束后区域卫生清理 | |
| 8 | 菜品售卖 | 10:50～12:50<br>16:50～18:40 | 根据班长安排完成菜品售卖工作<br>售卖菜品重量按成品标准执行 | |
| 9 | 收尾工作 | 12:50～13:00<br>18:40～19:00 | 责任区域卫生清理<br>清理厨具,完成后放置于保洁间内消毒<br>未使用完原料存放,常温保存原料进三防柜,低温保存原料进冷库 | |

## (六)炒菜厨师

### 1. 岗位职责

(1)按照厨师长要求做好高中低档菜、蒸榨品的制作;

(2)负责剩饭剩菜处理工作;

(3)搞好区域内环境和灶具卫生;

(4)完成餐厅经理临时交办的其他工作任务。

### 2. 工作流程与方式要求

炒菜厨师日常工作流程表如表5-10所示。

表5-10　炒菜厨师日常工作流程表

| 序号 | 内容 | 时间 | 标准要求 | 备注 |
|---|---|---|---|---|
| 1 | 签到 | 6:15(15:00) | 准时到岗,不迟到 | |
| 2 | 更衣 | 6:15～6:25<br>15:00～15:10 | 工装整洁干净,工作服、帽、围裙无污点油渍<br>工号牌应佩戴在胸前工作服左上方、口袋上方的位置<br>头发短而整齐、不留胡须、不佩戴任何首饰<br>不留长指甲,指甲内无污垢物 | |
| 3 | 接受工作任务 | 6:25～6:35<br>15:10～15:20 | 明确任务完成时间及其标准要求 | |
| 4 | 早餐菜品准备 | 6:35～8:00 | 完成早餐小菜制作、肉类上浆等工作 | |

| 序号 | 内容 | 时间 | 标准要求 | 备注 |
|---|---|---|---|---|
| 5 | 原料预加工 | 8:00~10:00<br>15:50~16:30 | 按时完成过油、焖、煸、炒等原料预加工工作 | |
| | | 10:00~11:00<br>16:30~17:00 | 完成为面案制作臊子、蔬菜焯水等预加工工作 | |
| 6 | 炒制菜品 | 11:00~12:40<br>17:00~18:30 | 按时完成菜品烹制,保证菜品质量 | |
| 7 | 收尾工作 | 12:40~13:00<br>18:30~19:00 | 责任区域卫生清理<br>清理厨具,完成后置于保洁间进行消毒<br>未使用完原料存放,常温保存原料进三防柜,低温保存原料进冷库<br>剩饭剩菜处理,无法保存的及时倾倒<br>完成剩饭剩菜处理记录填写 | |

## (七)服务领班

### 1.岗位职责

(1)全面负责就餐大厅各项服务管理工作;

(2)督促服务员做好餐厅大厅内外就餐区卫生清扫、餐具回收等工作;

(3)严格按照中心卫生要求检查区域卫生;

(4)完成餐厅经理临时交办的任务。

### 2.工作流程与方式要求

服务领班日常工作流程表如表5—11所示。

表5—11 服务领班日常工作流程表

| 序号 | 内容 | 时间 | 标准要求 | 备注 |
|---|---|---|---|---|
| 1 | 签到 | 6:15(15:30) | 准时到岗,不迟到 | |
| 2 | 更衣 | 6:15~6:25<br>15:30~15:40 | 工装整洁干净,工作服、帽、围裙无污点油渍<br>工号牌应佩戴在胸前工作服左上方、口袋上方的位置<br>头发短而整齐、不留胡须、不佩戴任何首饰<br>不留长指甲,指甲内无污垢物 | |
| 3 | 安排工作任务 | 6:25~6:35<br>15:40~15:50 | 明确任务完成时间及其标准要求 | |

续表

| 序号 | 内容 | 时间 | 标准要求 | 备注 |
|---|---|---|---|---|
| 4 | 餐厅外围清扫工作 | 6:25~7:00<br>15:50~16:20 | 安排清扫餐厅外围,无积水、无杂物 | |
| 5 | 早餐卫生清扫 | 7:00~10:00 | 安排早餐期间收碗、收残食、擦桌子等工作 | |
| 6 | 餐厅卫生保洁 | 10:00~11:00<br>16:20~17:00 | 安排餐厅卫生保洁工作<br>安排售饭台地面清理 | |
| 7 | 开餐卫生清理 | 11:00~13:00<br>17:00~19:00 | 安排开餐期间收碗、收残食、巡视、擦桌子等工作 | |
| 8 | 收尾检查 | 13:00~13:30<br>19:00~19:30 | 检查卫生清理情况按时关闭餐厅大灯 | |

## (八)服务员

### 1.岗位职责

(1)负责就餐大厅内外卫生保洁工作;

(2)负责就餐区卫生清扫、餐具回收等工作;

(3)完成每日报表领取工作,早中晚餐送留样工作;

(4)完成餐厅经理临时交办的任务。

### 2.工作流程与方式要求

服务员日常工作流程表如表5—12所示。

表5—12 服务员日常工作流程表

| 序号 | 内容 | 时间 | 标准要求 | 备注 |
|---|---|---|---|---|
| 1 | 签到 | 6:15(15:30) | 准时到岗,不迟到 | |
| 2 | 更衣 | 6:15~6:25<br>15:30~15:40 | 工装整洁干净,工作服、帽、围裙无污点油渍<br>工号牌应佩戴在胸前工作服左上方、口袋上方的位置<br>头发短而整齐、不留胡须、不佩戴任何首饰<br>不留长指甲,指甲内无污垢物 | |
| 3 | 接受工作任务 | 6:25~6:35<br>15:40~15:50 | 明确任务完成时间及其标准要求 | |
| 4 | 餐厅外围清扫工作 | 6:25~7:00<br>15:50~16:20 | 清扫餐厅外围,无积水、无杂物 | |

| 序号 | 内容 | 时间 | 标准要求 | 备注 |
|---|---|---|---|---|
| 5 | 早餐卫生清扫 | 7:00～10:00 | 早餐期间收碗、收残食、擦桌子等工作<br>完成送留样工作<br>完成报表领取工作 | |
| 6 | 餐厅卫生保洁 | 10:00～11:00<br>16:20～17:00 | 餐厅卫生保洁工作<br>售饭台地面清理工作 | |
| 7 | 开餐卫生清理 | 11:00～13:00<br>17:00～19:00 | 开餐期间收碗、收残食、擦桌子等工作完成送留样工作 | |
| 8 | 收尾工作 | 13:00～13:30<br>19:00～19:30 | 餐厅卫生清理及其桌椅整理整齐<br>卫生保洁用具清理干净后按照规定位置放置 | |

## (九)凉菜班长

### 1.岗位职责

(1)在厨师长领导下,根据当日食谱保质保量制作凉菜、卤肉,确保色、香、味、形俱佳;

(2)指导凉菜技师提高饭菜烹调制作技术,不断更新花色品种;

(3)准确核算成本,保证品种和质量,做好日常工作记录;

(4)搞好区域内环境和灶具卫生;

(5)完成餐厅经理临时交办的其他工作任务。

### 2.工作流程与方式要求

凉菜班长日常工作流程表如表5—13所示。

表5—13　凉菜班长日常工作流程表

| 序号 | 内容 | 时间 | 标准要求 | 备注 |
|---|---|---|---|---|
| 1 | 签到 | 6:15(15:00) | 准时到岗,不迟到 | |
| 2 | 更衣 | 6:15～6:25<br>15:00～15:10 | 工装整洁干净,工作服、帽、围裙无污点油渍<br>工号牌应佩戴在胸前工作服右上方、口袋上方的位置<br>头发短而整齐、不留胡须、不佩戴任何首饰<br>不留长指甲,指甲内无污垢物 | |
| 3 | 安排工作任务 | 6:25～6:35<br>15:10～15:20 | 明确任务完成时间及其标准要求 | |

| 序号 | 内容 | 时间 | 标准要求 | 备注 |
|---|---|---|---|---|
| 4 | 早餐菜品制作 | 6:35～7:00 | 完成早餐凉菜制作 | |
| 5 | 安排领取原料 | 6:35～7:05<br>15:20～15:50 | 安排凉菜技师领取当天原料,并签字确认 | |
| 6 | 原料预加工 | 7:05～10:00<br>15:50～16:30 | 完成当日所需原料的切配工作<br>完成凉菜使用卤肉的蒸制工作<br>完成蔬菜焯水工作 | |
| | | 10:20～10:50<br>16:30～17:00 | 完成凉菜拌制工作,遵循凉菜制作要求 | |
| 7 | 菜品售卖 | 10:50～12:50<br>16:50～18:40 | 完成菜品售卖工作,菜品重量符合标准<br>服务态度好 | |
| 8 | 收尾工作 | 12:40～13:00<br>18:40～19:00 | 责任区域卫生清理;<br>清理厨具,完成后放置于保洁间进行消毒<br>未使用完原料存放,常温保存原料进三防柜,低温保存原料进冷库 | |

## (十)凉菜技师

### 1.岗位职责

(1)根据凉菜班长安排,根据当日食谱保质保量制作凉菜、卤肉,不断更新花色品种,确保色、香、味、形俱佳;

(2)准确核算成本,保证品种和质量;

(3)搞好区域内环境和灶具卫生;

(4)完成餐厅经理临时交办的任务。

### 2.工作流程与方式要求

凉菜技师日常工作流程表如表5－14所示。

表5－14 凉菜技师日常工作流程表

| 序号 | 内容 | 时间 | 标准要求 | 备注 |
|---|---|---|---|---|
| 1 | 签到 | 6:15(15:00) | 准时到岗,不迟到 | |
| 2 | 更衣 | 6:15～6:25<br>15:00～15:10 | 工装整洁干净,工作服、帽、围裙无污点油渍<br>工号牌应佩戴在胸前工作服左上方、口袋上方的位置<br>头发短而整齐、不留胡须、不佩戴任何首饰<br>不留长指甲,指甲内无污垢物 | |

| 序号 | 内容 | 时间 | 标准要求 | 备注 |
|---|---|---|---|---|
| 3 | 接受工作任务 | 6:25～6:35<br>15:10～15:20 | 明确任务完成时间及其标准要求 | |
| 4 | 领取原料 | 6:35～7:05<br>15:20～15:50 | 领取当天原料,并签字确认 | |
| 5 | 原料预加工 | 7:05～10:00<br>15:50～16:30 | 完成当日所需原料的切配工作<br>完成凉菜所需卤肉的蒸制工作<br>完成蔬菜焯水等工作 | |
| | | 10:20～10:50<br>16:30～17:00 | 按照凉菜制作要求完成凉菜拌制工作 | |
| 6 | 菜品售卖 | 10:50～12:50<br>16:50～18:40 | 完成菜品售卖工作,售卖菜品重量按照成品重量标准执行 | |
| 7 | 收尾工作 | 12:40～13:00<br>18:40～19:00 | 责任区域卫生清理<br>清理厨具卫生,并放置在保洁间进行消毒<br>未使用完原料存放,常温保存原料进三防柜,低温保存原料进冷库 | |

## (十一)面案班长

### 1.岗位职责

(1)全面负责面案各项目场具体工作;

(2)按照当日食谱做好稀饭、包子、花卷等面食的制作和售卖工作;

(3)负责面食品种花色定时更新,并做好成本核算工作;

(4)认真填写好工作记录表格;

(5)完成餐厅经理临时交办的任务。

### 2.工作流程与方式要求

面案班长日常工作流程表如表5—15所示。

表5—15　面案班长日常工作流程表

| 序号 | 内容 | 时间 | 标准要求 | 备注 |
|---|---|---|---|---|
| 1 | 签到 | 6:15(15:00) | 准时到岗,不迟到 | |
| 2 | 更衣 | 6:15～6:25<br>15:00～15:10 | 工装整洁干净,工作服、帽、围裙无污点油渍<br>工号牌应佩戴在胸前工作服左上方、口袋上方的位置<br>头发短而整齐、不留胡须、不佩戴任何首饰<br>不留长指甲,指甲内无污垢物 | |

| 序号 | 内容 | 时间 | 标准要求 | 备注 |
|---|---|---|---|---|
| 3 | 安排工作任务 | 6:25～6:35<br>15:10～15:20 | 明确任务完成时间及其标准要求 | |
| 4 | 早餐工作检查 | 6:35～8:50 | 检查早餐工作准备情况<br>调配早餐售卖人员 | |
| 5 | 面食类原料准备 | 8:50～10:00<br>15:20～16:20 | 安排完成面案包子、饺子、面食等馅料拌制,制作、蒸制工作<br>安排米线等原料的准备,预加工工作 | |
| 6 | 原料收取 | 10:00～10:30<br>15:50～16:10 | 安排完成中央厨房主食类成品、半成品原料收取,当场验收 | |
| 7 | 原料整理卫生清理 | 10:30～10:50<br>16:10～16:50 | 安排整理面食需要的用具<br>安排完成整理结束后卫生清理<br>上报明日主食类计划 | |
| 8 | 人员调配 | 10:50～12:50<br>16:50～18:40 | 安排人员完成中餐、晚餐售卖工作 | |
| 9 | 收尾检查 | 12:50～13:00<br>18:40～19:00 | 检查辖区卫生清理情况<br>检查厨具清理情况,确保厨具定置摆放<br>未使用完原料存放,常温保存原料进三防柜,低温保存原料进冷库 | |
| | 记录填写 | 18:30－19:00 | 各类记录、表格填写工作 | |

## (十二)面案技师

### 1.岗位职责

(1)按照班长的工作安排,完成包子、花卷、花样馒头及各类面食的制作和供应、销售工作;

(2)协助班长做好面食品种的成本核算;

(3)负责责任区域内的卫生清理;

(4)完成餐厅经理临时交办的其他工作任务。

### 2.工作流程与方式要求

面案技师日常工作流程表如表5－16所示。

表5－16 面案技师日常工作流程表

| 序号 | 内容 | 时间 | 标准要求 | 备注 |
|---|---|---|---|---|
| 1 | 签到 | 6:15(15:00) | 准时到岗,不迟到 | |

续表

| 序号 | 内容 | 时间 | 标准要求 | 备注 |
|---|---|---|---|---|
| 2 | 更衣 | 6:15～6:25<br>15:00～15:10 | 工装整洁干净,工作服、帽、围裙无污点油渍<br>工号牌应佩戴在胸前工作服左上方、口袋上方的位置<br>头发短而整齐、不留胡须、不佩戴任何首饰<br>留长指甲,指甲内无污垢物 | |
| 3 | 安排工作任务 | 6:25～6:35<br>15:10～15:20 | 明确任务完成时间及其标准要求 | |
| 4 | 早餐售卖 | 6:35～8:50 | 完成早餐售卖,及时补充早餐数量、品种 | |
| 5 | 面食类原料准备 | 8:50～10:00<br>15:20～16:20 | 完成面案包子、饺子、面食等馅料拌制,制作、蒸制工作<br>完成米线等原料的准备,预加工工作 | |
| 6 | 原料收取 | 10:00～10:30<br>15:50～16:10 | 收取中央厨房主食类(半)成品原料,验收存放 | |
| | 原料整理卫生清理 | 10:30～10:50<br>16:10～16:50 | 整理面食需要的用具<br>完成整理结束后卫生清理<br>上报明日主食类计划 | |
| 7 | 菜品售卖 | 10:50～12:50<br>16:50～18:40 | 按照成品重量标准完成菜品售卖工作<br>售饭期间保持良好的服务态度和形象 | |
| 8 | 收尾工作 | 12:50～13:00<br>18:40～19:00 | 责任区域卫生清理<br>清理厨具,完成后放置于保洁间进行消毒<br>未使用完原料存放,常温保存原料进三防柜,低温保存原料进冷库 | |

## (十三)肉案技师

### 1.岗位职责

(1)按照菜案班长要求完成肉类切配任务,确保无安全事故;

(2)负责冷库的日常管理、保养和使用工作;

(3)搞好区域内环境和灶具卫生;

(4)完成餐厅经理交办的任务。

### 2.工作流程与方式要求

肉案技师日常工作流程表如表5—17所示。

表 5-17　肉案技师日常工作流程表

| 序号 | 内容 | 时间 | 标准要求 | 备注 |
|---|---|---|---|---|
| 1 | 签到 | 6:15<br>15:00 | 准时到岗,不迟到 | |
| 2 | 更衣 | 6:15~6:25<br>15:00~15:10 | 工装整洁干净,工作服、帽、围裙无污点油渍<br>工号牌应佩戴在胸前工作服左上方、口袋上方的位置<br>头发短而整齐、不留胡须、不佩戴任何首饰<br>不留长指甲,指甲内无污垢物 | |
| 3 | 接受工作任务 | 6:25~6:35<br>15:10~15:20 | 明确任务完成时间及其标准要求 | |
| 4 | 设备检查 | 6:35~6:45 | 检查冷库、冰箱运转是否正常,否则,及时报修 | |
| 5 | 原材料切配 | 6:45~8:00<br>15:20~15:50 | 完成片类肉食品种加工,要求肉片薄厚均匀 | |
| 6 | 原料收取 | 8:00~8:30 | 协助班长完成肉类原料收取工作,验收质量,不合格当场拒收 | |
| 7 | 原材料切配卫生清理 | 8:30~10:50<br>15:50~16:50 | 完成块类等肉食原料切配<br>切配完成后清理区域卫生,要求加工机械、水池干净无污渍 | |
| 8 | 菜品售卖 | 10:50~12:50<br>16:50~18:40 | 根据班长安排完成菜品售卖工作<br>售卖菜品重量按照成品重量标准执行 | |
| 9 | 收尾工作 | 12:50~13:00<br>18:40~19:00 | 责任区域卫生清理<br>未使用完原料存放,常温保存原料进三防柜,低温保存原料进冷库<br>清理厨具,完成后放置于保洁间进行消毒 | |

## (十四)洗消组长

### 1.岗位职责

(1)全面负责餐厅洗消间各项管理工作;

(2)负责小组人员工作任务分解,督促其完成餐具洗消和辖区卫生清理等工作;

(3)严格按照中心卫生要求检查区域卫生;

(4)完成餐厅经理交办的任务。

## 2.工作流程与方式要求

洗消组长日常工作流程表如表5-18所示。

表5-18　洗消组长日常工作流程表

| 序号 | 内容 | 时间 | 标准要求 | 备注 |
|---|---|---|---|---|
| 1 | 签到 | 6:15(16:00) | 准时上岗,不迟到、早退 | |
| 2 | 更衣 | 6:15~6:25<br>16:00~16:10 | 工装整洁干净,工作服、帽、围裙无污点油渍<br>工号牌应佩戴在胸前工作服左上方、口袋上方的位置<br>头发短而整齐、不留胡须、不佩戴任何首饰<br>不留长指甲,指甲内无污垢物 | |
| 3 | 安排工作任务 | 6:25~6:35<br>16:10~16:20 | 明确任务完成时间及其标准要求 | |
| 4 | 餐具消毒工作 | 6:25~7:05<br>16:10~16:50 | 完成餐具消毒工作<br>严格按照消毒流程消毒 | |
| 5 | 餐具清洗 | 7:05~10:00 | 安排早餐期间餐具清洗工作 | |
| 6 | 餐具、洗碗间卫生保洁 | 10:00~11:00<br>16:20~17:00 | 安排将筷子整理进筷子消毒车<br>安排洗碗机清洗回收后的餐具 | |
| 7 | 开餐餐具洗消 | 11:00~13:50<br>17:00~19:40 | 负责开餐期间餐具清洗、消毒等工作 | |
| 8 | 收尾检查 | 13:50~14:00<br>19:40~19:50 | 检查洗消间卫生清理情况,填写记录表 | |

## (十五)洗消员

### 1.岗位职责

(1)负责回收餐具的清洗消毒工作;

(2)负责洗消间场所及其设备卫生清理等工作;

(3)完成餐厅经理临时交办的任务。

### 2.工作流程与方式要求

洗消员日常工作流程表如表5-19所示。

## 表 5—19 洗消员日常工作流程表

| 序号 | 内容 | 时间 | 标准要求 | 备注 |
|---|---|---|---|---|
| 1 | 签到 | 6:15(16:00) | 准时上岗,不迟到、早退 | |
| 2 | 更衣 | 6:15～6:25<br>16:00～16:10 | 工装整洁干净,工作服、帽、围裙无污点油渍<br>工号牌应佩戴在胸前工作服左上方、口袋上方的位置<br>头发短而整齐、不留胡须、不佩戴任何首饰<br>不留长指甲,指甲内无污垢物 | |
| 3 | 接受工作任务 | 6:25～6:35<br>16:10～16:20 | 明确任务完成时间及其标准要求 | |
| 4 | 餐具消毒工作 | 6:25～7:05<br>16:10～16:50 | 完成餐具消毒工作<br>严格按照消毒流程消毒 | |
| 5 | 餐具清洗 | 7:05～10:00 | 完成早餐期间餐具清洗工作 | |
| 6 | 餐具、洗碗间保洁 | 10:00～11:00<br>16:20～17:00 | 完成筷子整理进筷子消毒车工作<br>完成洗碗机清洗工作 | |
| 7 | 开餐餐具洗消 | 11:00～13:50<br>17:00～19:40 | 完成开餐期间餐具清洗、消毒等工作 | |
| 8 | 收尾工作 | 13:50～14:00<br>19:40～19:50 | 完成工作用具清理、摆放工作 | |

# 参考文献

[1]王大伟.高校后勤管理的理论与实践研究[M].北京:中国纺织出版社,2019:4.

[2]恩佳.我国高校后勤管理的理论与实践研究——以西南民族大学为例[M].成都:西南财经大学出版社,2012:6.

[3]陈军,杨宝君,刘芳.高校后勤管理理论与实践[M].哈尔滨:黑龙江科学技术出版社,2017:7.

[4]王富.新时期中国高校后勤管理创新的理论与实践(上)[M].北京:中国文史出版社,2013:8.

[5]王富.新时期中国高校后勤管理创新的理论与实践(下)[M].北京:中国文史出版社,2013:8.

[6]石国兵.高校后勤管理信息化研究及实践[M].武汉:武汉大学出版社,2018:1.

[7]毛波杰.青年后勤说新时期高校后勤理论研究与实践探索文集[M].苏州:苏州大学出版社,2016:11.

[8]焦美莲.互联网时代高校后勤管理模式探索[M].北京:九州出版社,2018:3.

[9]苟生平.高校公寓管理服务的探索与实践[M].成都:电子科技大学出版社,2019:8.

[10]徐振岐.我国高校后勤改革理论与实践探索[M].长春:吉林大学出版社,2010:4.

[11]邝邦洪.应用型民办高校内涵发展研究与实践[M].北京:北京理工大学出版社,2020:8.

[12]郑雅萍.服务育人高校后勤育人的理论与实践[M].杭州:浙江人民出版社,2009:6.

[13]吴春笃,陈红.新时代高校服务育人理论与实践[M].镇江:江苏大学出版社,2021:5.

[14]成冠润.上海高校学生公寓"六T"管理的理论与实践[M].上海:东华大学出版社,2018:1.

[15]唐志成.后勤管理与后勤研究[M].成都:四川人民出版社,2006:1.

[16]李培景.高校后勤服务实践与探索[M].北京:中国农业大学出版社,2012:10.

[17]左庆润.高校后勤社会化理论与实践[M].北京:国家行政学院出版社,2007:5.

[18]刘志国.拓展训练的基础理论和实践[M].长春:东北师范大学出版社,2018:1.

[19]邓军,旷永青,赵铁.高校思想政治工作质量提升理论与实践服务育人卷[M].桂林:广西师范大学出版社,2019:12.

[20]刘湘玉.普通高校后勤管理研究[M].南京:南京大学出版社,2006:9.

[21]刘宗立.高校后勤研究与实践[M].昆明:云南大学出版社,2006:12.

[22]吴嘉敏,闵辉."三全育人"的理论与实践——基于上海海洋大学的探索[M].上海:上海三联文化传播有限公司,2020:12.

[23]张楠.新形势下高校纪检监察工作理论与实践探索[M].北京:中国经济出版社,2016:8.

[24]何祥林,任友洲,陈德均.高校职员工作理论与实践(第一辑)[M].武汉:华中师范大学出版社,2011:6.

[25]石国兵.高校后勤管理信息化研究及实践[M].武汉:武汉大学出版社,2018:1.

[26]焦美莲.互联网时代高校后勤管理模式探索[M].北京:九州出版社,2018:3.

[27]瞿维中.新形势下的高校后勤管理[M].长沙:中南大学出版社,2019:12.

[28]刘邦凡,赵兴华.高校后勤管理引论[M].长春:吉林出版集团有限责任公司,2016:6.

[29]陈超超.新形势下高校后勤管理探索与实践研究[M].武汉:武汉大学出版社,2018:9.